SKILLS
FOR CARE

U0128303

社會工作
倫理與實務

作者　秦燕

巨流圖書公司印行

社會工作倫理
與實務

國家圖書館出版品預行編目（CIP）資料

社會工作倫理與實務 / 秦燕著. -- 初版. -- 高雄
市：巨流圖書股份有限公司，2021.08
　　面；　公分

ISBN 978-957-732-626-3（平裝）

1. 社會工作倫理

198.547　　　　　　　　　　　　　　110012918

作　　　者　秦燕
責任編輯　沈志翰
封面設計　毛湘萍

發　行　人　楊曉華
總　編　輯　蔡國彬

出　　　版　巨流圖書股份有限公司
　　　　　　802019 高雄市苓雅區五福一路57號2樓之2
　　　　　　電話：07-2265267
　　　　　　傳真：07-2264697
　　　　　　e-mail: chuliu@liwen.com.tw
　　　　　　網址：http://www.liwen.com.tw

編　輯　部　100003 臺北市中正區重慶南路一段57號10樓之12
　　　　　　電話：02-29222396
　　　　　　傳真：02-29220464
劃撥帳號　01002323 巨流圖書股份有限公司
購書專線　07-2265267 轉236

法律顧問　林廷隆律師
　　　　　　電話：02-29658212

出版登記證　局版台業字第1045號

ISBN 978-957-732-626-3（平裝）
初版一刷 · 2021 年 8 月

定價：380 元

目　錄

第三篇　倫理難題的抉擇程序與社會工作專科領域的實踐

作者序

　　世界身陷 COVID-19 疫情泥沼，加上氣候變遷、戰火烽煙，每個地區都受到影響；全球化、國族主義、種族歧視、權利與自由的鬥爭，每個人都受到衝擊。當生命受到威脅，面臨失去健康和安全，生活方式劇變，行為受限：戴口罩、面罩、勤洗手、保持社交距離；每個人被迫宅在家，卻不斷在媒體上看聽世界慘況和社區悲劇，不禁讓人回首思考生命的本質、意義，和人生追求的目標、價值。感佩在遍地災情烽火中英勇抗疫的醫療人員、助人工作者和每位兢兢業業活出自我關愛他人的鬥士，願每位社會工作者在紛亂患難中仍然心中有平安，站穩專業角色，發揮專業的能力智慧助人。

　　全心投入「社會工作倫理」的探討和鑽研是從 2002 年擔任社會工作師公會全國聯合會的創會理事長開始。《社會工作師法》明定倫理守則訂定是公會聯合會的任務，職責所在，乃積極籌備社會工作倫理守則的修訂。2008 年 3 月新版倫理守則終於核定實施，也算是擔任二屆理事長繳出貧乏的成績單中的成果之一。2009 年起擔任全聯會首屆倫理委員會的主任委員，職責所在，努力建制社會工作倫理的教育、宣導，及倫理爭議審議的機制。

　　開始社會工作倫理教學，是 2005 年在朝陽科大兼任講師時，在亞洲大學社會工作學系專任助理教授後，於 2010 年開始在大學部四年級及研究所開設社會工作倫理的課程。四年教學歷程中，不斷修改教材內容、教學方法。

　　我是一個實務工作者，有三十餘年的實務工作經驗，主要在醫務社工領域，但老人、身心障礙、家暴性侵害防治、法院家事調解等領域也多有

涉獵。自1981年起即參與社工專業團體的籌組，包括醫務社工協會、社工專業人員協會、社工教育學會、社工師公會，都曾擔任理事長或理監事，「社會工作專業制度的建立和發展」是終身職志，也深感社工倫理在專業建制中的重要性，卻一直沒有被專業社群視爲優先發展的項目。我了解實務工作的壓力、負荷，缺乏清楚的倫理指引；我知道社工倫理的紮根要從養成教育中開始，在職訓練及督導中落實、提升。在大學的教學工作中，我也能同理學生沒有實務經驗，由翻譯的教科書中很難掌握社工倫理的價值、難題和抉擇。嘗試整理中、外文獻及實務經驗，以大學社工系高年級學生及新進社工員爲對象，完成《社會工作倫理》一書於2013年出版。2019年社會工作倫理守則修訂公布，我乃更新充實全書內容，由巨流圖書出版《社會工作倫理與實務》。期待本書提供社會工作系所師生、社工師考生及實務工作者在學習、省思及交流精進時重要的參考。

全書分爲四篇十六章，第一篇〈倫理學與社會工作價值〉介紹倫理學與社會工作哲學、思想與價值；第二篇〈社會工作倫理守則〉介紹國內相關專業及各國社工倫理守則，當然也把我國社工倫理守則的內容、訂定歷程及前瞻做清楚說明。第三篇〈倫理難題的抉擇程序與社會工作專科領域的實踐〉則詳述社工倫理難題、抉擇原則、抉擇模式過程和實例運用，並介紹社工專科領域中醫務、老人、身心障礙、兒少婦女家庭及間接服務中特定的倫理難題、處理原則，並進行案例討論。第四篇〈社會工作倫理的重要議題與未來展望〉則探討倫理推動風險管理、爭議審議機制建立、倫理教學、研究，及倫理趨勢與展望。

每章有學習目標、情境練習與教學參考，希望能幫助讀者掌握學習重點，也提供教學老師參考的教學方法。書中不足或待商榷之處，尙祈學術界教授們、實務界社工師們及學生讀者們不吝指正。社工倫理原本沒有定論，但求大家重視、探討、反思、辯證、運用，及改善。

在此感謝江季璇、張淑慧、陳明珍、游育蕙、何振宇、溫世合社工師及林瓊嘉律師，學術界徐震、莫藜藜、王永慈、李明政、戴正德、陳宇嘉、曾華源、萬育維教授。各位在倫理守則修訂、倫理委員會種種推動，

及倫理學術著作等方面給我很大的幫助和啓發。謝謝各地社工師公會實務界的夥伴在各個倫理研討會、個案研討會中的實務分享討論；在四輯《社會工作倫理案例彙編》投稿審稿。謝謝我的學生與我一起學習「社會工作倫理的教與學」。感謝讓我有機會進入學術領域專任教學，並開設社工倫理課程的亞洲大學創辦人蔡長海博士、人文社會學院李美玲副院長、社工系羅幼瓊主任。特別感謝在專業發展上一路提攜指導的簡春安教授、詹火生教授。

　　倫理討論善，神就是善的源頭。本書希望能對社工人有所助益，也期待合乎神的心意。本書的出版感謝巨流圖書及沈志翰主編，並獻給我愛的家人。

秦燕　謹誌

2021 年 6 月

第一篇
倫理學與社會工作價值

　　倫理學是一門重要的學問與學科，它與道德和價值有緊密的關聯；倫理也是專業發展不可或缺的一環。社會工作是助人專業，社會工作倫理的發展有其哲學淵源、思想脈絡，及專業價值的先後順序，形成社會工作倫理理論及抉擇原則，社會工作專業團體並經過一定的程序訂定社會工作倫理守則要求執業人員遵守。個人在執行社會工作專業服務時，要能遵守社會工作倫理，也要檢視個人價值，及與社會工作專業價值間的協調。社會工作倫理發展的層次是由上而下；社工專業人員倫理的運用則是由下而上，先由遵守具體的倫理守則做起（圖1-1）。

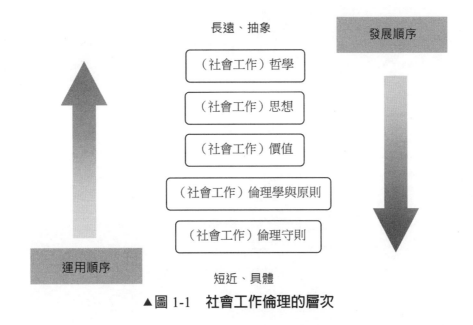

▲圖 1-1　社會工作倫理的層次

CHAPTER 1
倫理學簡介

學習目標

1. 認識倫理學的涵義與思維。

2. 認識倫理學的理論分類與架構。

3. 能說出義務論、目的論之間的概念和差異。

4. 能說出目的論之下的分類和差異。

5. 認識德行倫理學、關懷倫理的概念。

前言

　　倫理學是所有專業倫理共通的基礎，本章將介紹倫理學的涵義、倫理學的理論、專業倫理（註：本書之後遇「社會工作」一詞，視情況會以「社工」簡稱之，例如：「社會工作師」簡稱為「社工師」）。

第一節　倫理學的涵義

　　倫理學（ethics）源自哲學，是屬於實踐哲學，或道德哲學的分科。倫理學是探討人生之目的和達成目的之手段，以及人類行為的是、非、對、錯、善、惡等；並試圖以理性和探索，找到普遍適用的原理和法則。倫理的判斷和考量，不論是行為的對錯或德行的善惡，往往都與價值有關，所以有些學者亦把倫理學、價值論或價值哲學都視為相同涵義（何懷宏，2002）。

一、西方的思維

　　倫理由希臘文 "Ethos"（風俗習慣的意思）及拉丁文 "Ethica" 演變而來，指社會上的規範、慣例、典章及制度。西方國家將倫理學當成一門知識來探究，學者們發現個人或團體的行為並不完全受風俗習慣的影響，還需要先具備對行為的正當價值判斷。而價值的高下，則影響道德的善惡判定。

　　由於社會演變、多元文化的互相影響，道德多元論也更為明顯，許多新的理論相繼產生，也有愈來愈多的名詞界定。例如：

- 1982 年大英百科全書將道德哲學與倫理學視為同意字；同年大英百科全書又將道德哲學視為規範倫理學的別稱。
- 1985 年英國醫生皮士萊（Beazely）定義：「倫理是約束我們行動的原

則，道德則是倫理的實踐」。他認為倫理是知識；道德是技術；實踐是美德，這與柏拉圖的道德說（學識－技術－美德）的三者關係是相通的（嚴久元，1999）。

二、中國的思維

中國倫理的概念體系以儒家為主，道家為輔，佛（釋）也有很大的影響。而中國提出倫理學的概念，是蔡元培於1910年出版的《中國倫理學史》一書中，首度將中國倫理學史分為先秦創始時代、漢唐繼承時代和宋明理學時代，認為中國的倫理學說以先秦為極盛，自漢以後，雖然思想家輩出，但仍以儒家為主。而到清朝時黃宗羲、戴震、俞正燮等人的學說則漸脫宋朝以來理學之羈絆，為自由思想之先聲（蔡元培，2010）。

第二節　倫理學的理論

倫理學逐漸發展為一門學科，故有許多學者投入鑽研，也發展出豐富的理論。本節依倫理學的分類逐一介紹相關理論，並提出其與社會工作倫理的關聯。倫理學的理論架構可以分類如圖1-2所示。

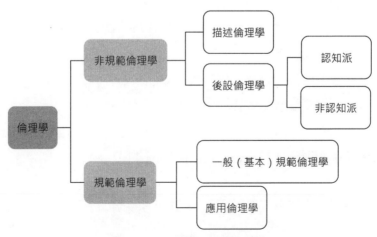

▲圖 1-2　倫理學之理論架構

一、倫理學的總體概念

倫理學可以按其是否採取特定的道德立場，區分為「非規範倫理學」及「規範倫理學」兩大類。

非規範倫理學並沒有特定的道德立場，主要進行純學術研究，大多是基於實證主義典範的倫理學。又可分為描述倫理學和後設倫理學兩種：

1. **描述倫理學**：是以客觀的態度和方法去探討各種道德行為的現象，描寫、敘述並分析該種道德行為的特質、作用等。
2. **後設倫理學**：採非評價的態度，分析倫理學的重要概念，例如：「對」、「錯」的意義、「好」、「壞」的意義、「正義」、「權力」、「責任」的概念等，有助於了解道德推理的結構和道德獲得確證的過程。

後設倫理學中認知派與非認知派的學者有不同的論點。認知派學者相信可以找到一個客觀的標準，來判斷倫理上的對、錯、好、壞等。而非認知派學者則認為倫理標準必定是主觀的，只能反映個人的意見與偏好。

規範倫理學不採實證主義和典範，依所運用的範疇可分為一般規範倫理學與應用倫理學兩類：

1. **一般規範倫理學**：又稱基本規範倫理學，是在人類社會共通之基本道德規則為前提的情況下，在現實生活的運用。簡言之，是以這些一般的道德規則來論證一般日常生活行為是否適當。
2. **應用倫理學**：適用在特定具體的公共議題，例如：墮胎、代理孕母、死刑犯器官捐贈等；或是特定專業領域的探討，例如：醫師倫理、律師倫理、社會工作倫理等。

其中社會工作倫理是屬於規範倫理學的範疇，亦是本書探討的重點，故以下將針對規範論理學做詳細之介紹。

二、規範倫理學（Normative Ethics）

規範倫理學的理論架構如圖1-3，其內容說明如下。

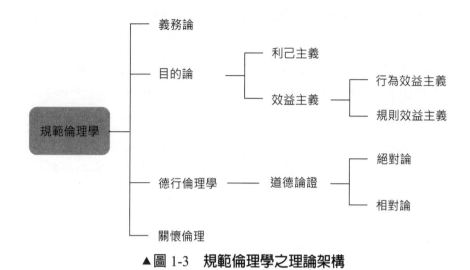

▲ 圖 1-3　規範倫理學之理論架構

（一）義務論（Deontological Theories）

康德（Immanuel Kant）是義務論最有名的代表學者，這位18世紀的哲學家力主誠實是社會工作者重要的規範，康德的絕對命令法則認為規定、權利、原則是必須遵守的，且適用於一切時代與地域。義務論學者認為行為的道德價值應在於個人的動機與作為，而不在效果（結果）。責任則是善良意志的具體表現。

（二）目的論（Teleological Theories）

相較於重視動機的義務論，目的論則重視結果或目的。此派的觀點認為要判斷任何行為的對錯，是取決於行為所帶來的結果。斯馬特（Smart）於1971年提出，負責任的作法是分析每種行為可能的結果，再權衡分析結果的輕重之後，選擇適當的行為。

目的論又可分為利己主義與效益主義兩派：

1. 利己主義（egoism）：當面臨兩難的抉擇時，應該設法擴大爭取自身的利益。

2. 效益主義（utilitarianism）：認為正確的行為可以提升最大的利益。也

有學者將效益主義再區分為行為效益主義與規則效益主義（Gorovitz, 1971）：

（1）行為效益主義（act utilitarianism）：指特定行為可以帶來立即的有利結果，凡是最有益處的行為即符合倫理，故不應該用規則來約束行為。

（2）規則效益主義（rule utilitarianism）：以一般性的通則決定行為所帶來的影響，並重視行為帶來的長久影響。而通則本身是否符合倫理，則根據結果是否具有長久的效益來決定。

情境案例

　　受家暴的案主為了籌措經費以帶著孩子離開施暴的丈夫，因此欺騙社工師，詐領福利金達五年之久。若社工師根據目的論之利己主義與效益主義，則分別會採取何種應對方式呢？又若以行為效益主義與規則效益主義為判斷依據，又可能採取何種措施呢？

討論：

• 採取利己主義的社工師，會努力減低本身的法律責任，故會主動揭發案主的不法行為，並想辦法減低他對案主的不安，及減少可能與案主發生衝突的機會。

• 採取效益主義的社工師：若以行為效益主義的觀點來看，有了錢，案主可以馬上帶孩子到安全的地方居住，保障孩子不受父親的傷害，使案主獲得立即的效益，因此可能不會主動揭發案主詐領福利金一事。若以規則效益主義的觀點來看，不舉發案主詐領福利金一事，也許一時之間對案主是有利的，但長久以後將會爆發更嚴重的後果。例如：案主會以為社工師是默許此項行為，甚至因此造成其他案主的仿效行為，而使得福利制度的公平正義性受損。長遠來說，隱瞞此一不法事件不見得會為案主帶來更多的利益，反而有可能造成更大的傷害。

義務論與目的論的比較

義務論與目的論的爭議是一直存在的。例如：當義務論派的學者認為誠實是天賦真理，應立刻回答10歲的孩子，他的父母決定離婚，兩人都不想要爭取監護權和負起養育的責任；目的論派的學者則會質疑不顧孩子現在是否能承擔，而全盤說出實情，豈不是帶給孩子更重大的傷害。因此行為效益主義學派會以白色謊言回答孩子，說明父母都很愛他，都想爭取他的監護和養育，只是現在還有許多困難要處理，他必須先到寄養家庭安置。規則效益主義學派會說：長時間來看，白色謊言必會揭露，可能會失去孩子的信賴。

目的論認為帶給最多人最大好處的行為就是好的、正確的選擇。例如：地震引發海嘯，造成核電廠輻射外露的危險，要有300人進入高危險的核電廠維修，因此熟悉核電廠區的員工，不論自願或強迫都需要成為捍衛更多人生命安全的敢死犧牲勇士。義務論則認為核電員工職責在身，必須要誓死維護核電廠之安全。行為效益主義認為沒有意願擔任「勇士」的人，即使強迫也不會有好的結果，故完全採徵求自願擔任此任務者。規則效益主義則認為應設有一定的規範，如對本次事件有職責、沒有家屬者等，不可逃避任務，以免影響別人意願及任務的達成。

由上述的分析可以發現，義務論重視動機、法定的責任，然而為什麼核電廠員工就被認定有這樣的責任呢？應徵的員工原來不過以勞力找一個待遇不錯的工作，並沒有想要以生命去換取別人的安全。目的論選擇好的結果和行為，但所追求的效益是自己的效益？他人的效益？立即的效益，還是長久的效益？

經濟發展下，現代生活需要大量電力，但是核電廠有輻射危機，要不要繼續興建核電廠或封閉核電廠？誰是利害相關者？誰的意願應該被尊重？這些都是倫理的議題。建議讀者可藉由義務論、目的論的思維，嘗試著去探討不同觀點的倫理看法。

（三）德行倫理學（Virtue Ethics）

　　德行倫理學屬於規範倫理學的範疇，重視人所具有的美德或道德性格，代表性學者是亞里斯多德（Aristotle）。德行倫理學認為道德的主要功能是培養人的品格，重視行為者本身更甚於其行為，因此也稱之為行為者倫理學（agent-ethics）。強調的不是「做什麼」，而是「是什麼」（林火旺，1999）。德行是一種比較穩定和持久的個性和氣質，願意實踐道德原則和規範，由學習和生活中培養美好德行。1958 年安絲康（Anscombe）發表了《現代道德哲學》（*Modern Moral Philosophy*）一書後，激起倫理學者對於德行倫理學的重新重視。德行倫理學對教師和專業人員的培育更有重要的影響。

　　倫理與道德有密切的關係，有時被視為相同；細究其差異可以說倫理比較客觀，有其規範；道德則較主觀，偏向個人行為。規範倫理學牽涉道德立場，也有以道德為主體發展的理論，如道德論證（moral argument）又分為道德絕對論和道德相對論：

1. **道德絕對論**（moral absolutism）：認為好的道德有一定的客觀標準，可以放諸四海皆準，天下一同的。例如：犧牲自我去照顧他人是好的道德，像史懷哲醫師、德瑞沙修女、林靖娟老師等；像誠實、正直、仁慈、廉潔、愛心、勤奮、溫柔等都是美好的德行，是高尚助人者的良好德行；殺人、傷害、詐欺等則是惡的德行，理所不容。

2. **道德相對論**（moral relativism）：認為文化環境、政治氣候、社會規範的不同，與時空的差異，對於道德的標準和期待都有不同的界定。由於道德是主觀的內在判斷，必然存在個別的評估和偏好。然而，一個社會是否仍應有穩定的道德核心，建立在人性共同的需要和態度之上？由此再衍生一些次級道德原則，可以隨環境和信仰而有不同，是學者們多所探討的（林火旺，1999）。例如：禮、義、廉、恥是華人社會的道德核心，然而長幼、從屬、師生間的禮儀在各華人國家間或有不同，隨著時間的演變，多元文化的特質在同一地區也會因不同族群而產生差異。

（四）關懷倫理

關懷倫理是女性主義者諾忉（Nel Noddings）所提出的倫理學說，其重視和平、關懷弱勢，強調人際間的眞情流露，重視女性和弱勢的權益，期望從教育及社會服務的實踐中發揚關懷的美德（方志華，2004）。

諾忉的關懷倫理立基於女性經驗，她認爲在女性的生命中，照顧、支持、養育占了絕大多數的時間與心神，以生活經驗爲基礎去做道德抉擇，是關懷倫理的出發點。諾忉以女性觀點重視接納、連結和回應所建構的關懷倫理，並不表示拋棄邏輯，而是一種道德態度或對善的嚮往（Noddings, 1984）。

關懷倫理重視實踐，強調關懷弱勢，不在乎專業的規條、資格等。認爲人不該只求自己的益處，也要關心別人的福利，尤其是被壓迫、被剝奪的人們的益處。例如：社工師在所處的社區周邊看到孤兒、寡婦或病殘老人時要如何接近他們，表達關懷並給予實惠的幫助？要如何關懷遠方社會中受到戰爭、飢餓、政治壓迫的人們？

近年在公民教育及社會服務中，逐漸重視關懷倫理的教導和培養。諾忉（Noddings, 1992）認爲應以女性的關懷本性教育兒童，指導他們關心自己、他人、全世界的人、植物、動物、環境、人爲的世界及思想觀念等。而最有效的道德教育方法即是身教（modeling）、對話（dialogue）、實踐（practice）與認可（confirmation）。

第三節　專業倫理

專業化是人類社會由農業社會進入工業社會、後工業社會的變遷過程中所發展出的結果，其是指專門的工作發展，也因此形成許多專門性的職業團體。

格林（Green）於1957年提出專業化必須符合五個條件：

1. 具備系統的知識理論（systematic theory）。

2. 專業的權威（authority）。

3. 要能得到廣泛的社會認可（community sanction）。

4. 有倫理的守則（ethical codes）。

5. 專業文化（culture）。

其中，一門專業是否具備獨特發展的專業倫理，且能爲該專業人員奉行遵守，是該門專業被認定的重點。根據美國普查局（United States Census Bureau）的資料，目前被認定爲專業化的職業包括：會計師、建築師、藝術家、律師、神職人員、大學教授、醫師、工程師、記者、法官、圖書館員、自然科學家、檢驗師、藥劑師、社會科學家、社會工作師及教師等（Farley, Smith, & Boyle, 2009）。

專業倫理相對於一般倫理，是指某一專業從業人員透過其團體之討論共識，以集體自律的方式，訂立專業守則或公約，要求全體會員共同遵守的行爲規範。也泛指一個專業團體（或職業團體）對其案主（或稱顧客）的專業關係與服務關係（徐震、李明政，2010；曾華源、胡慧嫈、李仰慈、郭世豐，2012）。專業倫理是依據專業哲學信念所確立的專業價值與倫理守則標準，以指引專業人員如何清楚的扮演專業角色及界定職責和展現能力。專業倫理以責任爲中心，與個人倫理以德性爲中心不同，專業倫理爲專業團體所訂定，專業團體是公民社會（civil society）的骨幹，通常由國家立法賦予相當的自主權及認證權，與對會員的制裁權。

專業倫理的五個重要類型：企業倫理、科技倫理、行政倫理、助人專業倫理以及生命倫理，分別敘述於下。

一、企業倫理（Business Ethics）

企業倫理是在企業追求利潤的目標下，在過程中應遵循的公平正義原則。企業有社會責任，在經營企業獲取經濟利益時也應對顧客、員工、生意夥伴、環境和社區有所貢獻，這樣才能永續經營、長期獲利，同時達到

社會全體最大的利益（孫震，2009）。企業是現代社會就業、所得與財富的最重要來源，企業的作為對社會文化有很大的影響。在資本主義社會中，事業有成、權高、多金的企業家，是社會矚目也嚮往的典範。故企業倫理應強調公正誠信，但並非慈善，雖然仁慈是個人的美德，但企業是個人組織起來謀取經濟利益的手段，且部分公司的主導權並非僅止於個人（如股東委託董事會經營公司），故企業倫理應立基於：公開參加自由競爭，誠信不欺騙顧客，員工、股東及政府同時追求利潤與效率等原則之上。

企業倫理必須在企業建立內部共識，以降低成本、增加利益、取得社會信任、訂立倫理規範和工作信條為目的。不論是消極的不妨害社會利益，或是積極的增進社會利益，追求企業利益是不變的最終極目標，所以企業倫理是以效益主義（utilitarianism）為中心。

企業倫理早年偏重工作人員的薪資、工作環境、貨真價實等方面的研究。自1980年代開始重視企業內部共識與社會外在信任的建立。1990年代以後管理學主流重視企業倫理，認為高倫理標準的企業有更強的競爭力，因此開始推展企業倫理，甚至將之視為能在全球經濟激烈競爭下生存和高獲利的關鍵。至21世紀以來，企業倫理發展的新焦點是一個組織的和全球的倫理文化，認為企業倫理有助於員工承諾、投資人忠誠、顧客滿意，更有助於企業獲利。

企業倫理的兩難

費瑞爾（Ferrell）等人認為企業倫理議題與困境有：虐待或恐嚇行為、說謊、利益衝突、賄賂、公司情資、歧視、性騷擾、環境議題、詐欺／消費者詐欺、內線交易、智慧財產權、隱私等。因此，面對這些倫理難題，更重要的是將企業倫理制度化，做好倫理決策訂定和倫理領導，以此發展有效用的倫理計畫，並實施稽核及持續改善，尤其在跨國企業增多的情形下，應更注意多元文化、普世倫理和全球性的倫理議題（Ferrell, Fraedrich, & Ferrell, 2008）。

二、科技倫理（Technological Ethics）

科技倫理是從事科學技術研究工作者的認知態度與行為規範，科技可以造福人群，也可能危害人類社會。例如：核電廠帶來便利效能，也帶來核災威脅；農藥使得農作物豐收，也造成環境土壤汙染。因此科技重視的是使用者對社會帶來的影響，故科技倫理立基於目的論（teleological theory）。

科技倫理的兩難

科技倫理的兩難在於科技發展的種類繁多（包括工程、資訊、生物、農業等），因此研究者之間的性質與背景並不相同，即使身處同一領域的研究者也會受到個人信念與研究方向的影響，而對於科技使用所造成的結果有不同的詮釋。然而科技倫理重視的是科技研究工作對社會的責任，其最終目的是避免科技帶給社會不利的後果，因此學者建議倫理的實踐要從四個方面進行（沈清松，1992；徐震、李明政，2010）：

1. 加強科技養成教育中的倫理教育。
2. 透過各種學會、協會、工會多做倫理討論，實施集體自律。
3. 透過政府的科技政策與立法加以約束。
4. 增強社會大眾對科技的認識與判斷。

三、行政倫理（Public Administrative Ethics）

行政倫理是指政府公務人員在行使公權力、處理公務中的行為規範。蕭武桐（2001）認為行政倫理又稱公務倫理，不只要教導公務員如何在面對多元價值所導致的分歧和衝突時，能自我警覺，更要能正念分明地做正確而適當的決策，且要歡喜自在的從事志業發展。

行政倫理以德性倫理（virtue ethics）為中心，以個人敦品勵行的良好

德性及和諧的群體功能為重（徐震、李明政，2010）。公務人員倫理行為的一般原則包括：要盡忠職守、專心公務、以公正無私的態度對待公眾，將公眾利益置於個人利益之前、公平正義、利益迴避、向上級長官報告及服從長官合法的指導命令、不濫權擾民、提升行政效能及維護政府形象等。

　　《公務員服務法》是規範我國公務員行為的主要法律依據，它的主要規定有依法行事、服從命令、保守機密、行為誠實／謹慎／勤勉、執行職務不得規避／推諉／稽延、不得假借職權圖利、非依法令不得兼任公職或業務、離職後擔任民營企業有所限制等。但是以行政倫理的標準來看，仍然顯得消極，缺少鼓勵公務員積極行事、專業知能、公益為先的提示與期待（蕭武桐，2001）。公務員代表政府，其實是接受人民委託授權處理公眾事務，應更勤奮、親切、積極、提升效能，因此對於公務員的倫理標準亦不斷提高，更應針對公務員不倫理的行為加以改善。

行政倫理的兩難

　　公務員於行政工作的處理中仍有許多兩難的困境，包括：親友關說、贈送與收受禮品（金）的額度、邀宴的參加與否等。而判斷公務員是否違反倫理行為的標準有三：①違反法規；②違反善良風俗、倫理道德的原則；③屈服於明顯或暗示的壓力之下的行為。這與公務員所處的政治、社會、經濟環境和心理環境與行政環境都有關，必須以社會力、輿論來嚴加檢視，並有預防、監測措施，定期檢查公布不倫理的行為及妥適處置。許多學者亦認為應效法美、英、韓等國制定公務倫理法或公務倫理守則，並成立獨立的單位（如公職人員倫理委員會），對公務員的行為是否適當提供參考意見，並負責調查不倫理行為的指控，將調查結果向有關主管提出報告，以此制定及修訂倫理守則。

四、助人專業倫理（Helping Profession Ethics）

　　助人專業倫理是專業人員的專業人際角色與他人互動行為的規範，其有別於一般人際關係，是維持專業生存的重要基礎。相較於企業、科技、行政三項倫理，助人專業所服務的對象是有所限制的，例如：醫師與病人、律師與當事人、社會工作師與案主等，可以清楚的區分助人者與受助者。助人工作之目的是要提升當事人的福祉，專業人員除了具備專業知能以外，專業倫理更是重要，因為受助者往往處於艱難、軟弱的情境中而因此需要幫助。專業人員在這種特殊緊密的工作關係中能否實踐倫理的信念，及表現合乎倫理的行為，是助人工作得到社會信任肯定的關鍵，所以也是助人專業生存的重要基礎。助人專業倫理包含了5項因素（牛格正、王智弘，2008）：

1. 個人因素：專業人員本身的價值觀、專業倫理意識、專業能力技術與判斷實踐能力。
2. 機構因素：機構的理念、倫理規範、工作規定與督導。
3. 專業組織因素：專業公會、學會的立場與倫理守則、審議機制。
4. 當事人因素：受助當事人的福祉與權益。
5. 社會因素：法律規定、輿論氛圍、公眾福祉等。

助人專業倫理的兩難

　　助人專業的兩難經常體現於助人者、受助者、助人專業機構、社會輿論等之間的相互關係，可能導因於價值觀的差異或立場考量的不同等。助人專業倫理近年愈受重視，與當事人權益意識提升，也與助人專業人員曾因犯錯造成當事人與社會大眾的傷害，引發法律訴訟、社會討論有關。倫理問題嚴重性也推動專業自治自律的行動，專業從業人員透過團體的討論與共識，以集體自律的方式訂定具體條文的倫理守則，以規範指導專業人員的行為，同時也是保護當事人、社會大眾及專業人員。本書在第7章會

詳述律師、醫師、護理師、心理師及社工師的專業倫理守則內容精要。

然而，助人專業倫理的實踐落實，要從教、考、用、訓、專業團體等制度面及專業人員本身與社會文化環境等方向來努力。例如：

1. 在專業人員的養成教育中（大學、研究所）教授專業倫理課程，並列入專業人員資格考試科目及考試內容。

2. 任用專業人員的機構要尊重、維護、促成專業倫理的實踐，並有倫理風險管理、督導、監測的概念與機制。

3. 有職前與在職的專業倫理訓練，有專業團體如學會、公會的倫理守則訂定、修訂及審議推動機制。

4. 培養專業人員本身的素養，提倡合乎倫理的社會風氣等。

五、生命倫理（Bioethics）

人類自有醫療行為和專業人員開始，如有醫巫、接生婆等，就有醫藥倫理出現。生命倫理的發展來自新興醫療科技的使用和引伸的倫理爭議。1960 年代有關醫療保健、生命科學、醫藥科學和科技所涉及的倫理議題被熱烈討論（Fletcher, 1954; Kuhse, & Singer, 1998），生命倫理於 1970 年代成為顯學，專書、學刊和專研中心紛紛成立，成為醫藥和倫理學界的熱門科學，也受到醫院、政府、法院等建制所重視和諮詢。也有將生命倫理擴大到生物科學與醫事相關的倫理，包含動物倫理與環境倫理。

頗富盛名的生命倫理四原則由美國喬治城大學（George-town University）之倫理學者畢強樸（Beauchamp）及蔡德斯（Childress）於其著作《生命醫學倫理原則》（*The Principles of Biomedical Ethics*）中提出，四原則分別為：自主（autonomy）、行善（beneficence）、不傷害（nonmaleficence）與正義（justice）原則（Beauchamp, & Childress, 2001），至今一直為醫事、生物科學的專業人員所信守的重要倫理原則。

生命倫理的兩難

生命倫理兩難的議題很多，由早期的醫病關係、病情告知、病人自主，到近代的生死議題、基因科技、人體與動物實驗、研究倫理，乃至醫療及環境生態資源運用等（在第11章會有更詳細的敘述）。臨床醫學倫理可說是其中發展最快和最完備的。如國內學者李瑞全教授對中西方生命倫理多所探討；蔡甫昌教授則對推動國內臨床醫學倫理的教育訓練和機制建構有很大的貢獻。

醫學倫理近年受到臺灣醫界相當的重視，除了列入醫院評鑑、醫療教育評鑑的項目之外，衛生署更設立「醫療倫理委員會」與「臨床倫理委員會」，推動「臨床倫理網絡」的建設，針對實務運作及醫療人員面臨的倫理難題，進行專題研討及經驗分享。

結語

倫理學是探討人生的目標和人類行為合適的原理法則，與價值和道德緊密相關。倫理學有其清楚的倫理架構，規範倫理學中義務論、目的論和德行倫理更是重要、必懂的基礎。

專業的知識及技術對個人和社會的福祉都有相當大的影響力，可以造福人群，但也可能危害社會。因此不論企業、科技、公務行政、助人專業都講求專業倫理，確保專業知識和技術帶給個人和社會正向的影響。尤其針對攸關生死的生命倫理，有較深遠的探討和較完整的教育訓練與倫理促進機制。

情境練習

　　為了維持生態平衡、拯救瀕臨絕種危機的動物，在環保團體的壓力下，政府嚴格限制北極熊和海豹的獵殺，卻造成極地生活的愛斯基摩人憤憤不平，因為破壞生態的都是外來人，卻因禁獵導致當地居民無以維生的困境。你如何看待此事件？試著以義務論、目的論（利己主義、行為效益主義及規則效益主義），與德行倫理加以分析。

教學參考

課堂活動：

1. 教師自我介紹，並說明整學期課程內容及進行方式；並請學生提出意見，可納入修正。

2. 學生分組（依實習分配及有興趣之領域）：可分為醫務、心理衛生、兒童、青少年、婦女、司法、身心障礙、老人、社區、行政及倡導、其他等組別，每組建議4～5人。

3. 小組選出一位組長，負責匯整組員聯絡資料、帶領成員自我介紹，及在社工實習期間該領域的概況。

學習作業：

1. 認識學校的數位平臺及操作。

2. 找一篇與分組倫理主題相關的英文文章（期刊），內容須經授課老師認可。

3. 完成本週小組的討論記錄。

4. 針對下次課程中要討論的議題做準備（①我的人生觀；②我認為最重要的價值；③我所推崇的一位哲學家）。

CHAPTER 2
社會工作哲學探討

學習目標

1. 認識社會工作哲學的涵義。

2. 了解社會科學之四大理論的主、客觀探討。

3. 認識支持社會工作專業的五大哲學論點。

4. 能分別說出兩個在內省哲學理論、外觀哲學理論、實用主義理論
   於社會工作的運用。

前言

　　社會工作倫理的源頭是社會工作的哲學，本章將探討社會工作哲學的涵義，及社會工作哲學的五個論點，即：內省哲學、外觀哲學、理性主義、實用主義和理想主義。

第一節　社會工作哲學的涵義

　　哲學（philosophy）的英文字源來自希臘文，意思是「對探索知識的愛好」，也就是「追求智慧」。哲學是每個學問的基本內涵，充斥於宇宙萬有之原理原則中，當我們試著問為什麼？探尋生活中的基本信仰，對信仰的概念做理性分析、批判檢討，即是追求智慧，也就是哲學的實踐。

　　社會工作是助人專業，最關心的就是人，因此社會工作哲學是以人為中心，探討、分析助人的歷程，並嘗試著問為什麼。例如：人生的意義是什麼？人的本質是什麼？人有什麼問題？什麼原因造成問題？為什麼要幫助人？怎樣才是問題的改善？怎樣才是有效助人？……等。然而社會工作哲學與一般哲學的不同之處在於其是一門專業哲學，除了追求、探討社會工作的真理與知識外，也作為社會工作之行為標準、基本信念與道德的判斷依據（曾華源、胡慧嫈、李仰慈、郭世豐，2012；簡春安、趙善如，2008）。

　　探討社會科學的本質時，會面臨到四種假設的挑戰：本體論、認識論、人類本質論、方法論（簡春安、趙善如，2008；Weick, 1986），而這四種假設若以主觀及客觀的角度來探討，則又面臨不同的爭論點（表2-1），應視情況選擇合適的理論。

1.**本體論（ontology）**：探討現象的真實本質，如本質的構成、結構等。
　例如：人是什麼？是概念還是實體？就有了唯名論（nominalism）和唯

實論（realism）的爭議。

2. **認識論（epistemology）**：探討知識的來源及證據倫理的研究，強調每個事件的定義特徵。例如：人的知識是認知過程洞察？還是具體經驗累積？就有了反實證主義（anti-positivism）和實證主義（positivism）的爭論。

3. **人類本質論（human nature）**：探討人與環境的關係。例如：是人的意思創造環境，還是環境限制了人？就有了自發主義（voluntarism）和決定論（determinism）的爭執。

4. **方法論（methodology）**：探討用什麼方法去發現事物。例如：尊重個體的差異性，探討獨特性？或是找出個體的共同性、規則性、相關性？就有了個體表意性研究（ideographic）和規則性研究（nomothetic）的不同取向。

▲表 2-1　探討社會科學理論之爭論點

社會科學理論	主　觀　探　討	客　觀　探　討
本體論	唯名論 認為世界是由概念與名稱所組成的，只有個體是具體存在的。	唯實論 認為世界是具體且真實存在的，並非由人的內心所創造。
認識論	反實證主義 認為社會事件只能從當事人的內心與想法去了解，並沒有法則可言。	實證主義 認為世界存在自然法則，知識是藉由證明個體間的相關性所累積而成。
人類本質論	自發主義 認為個體的行為是由其自由意志產生，具自主性且可自主決擇。	決定論 認為個體的行為是被外在環境影響與控制，無法自行決定。
方法論	個體表意性研究 即質性研究，認為必須接觸當事人的內心世界，以研究社會中的現象。如利用訪談、閱讀當事人的日記等方法蒐集資料。	規則性研究 即量性研究，認為研究有一定的步驟與方法。如利用問卷蒐集資料後，加以統計分析。

第二節　社會工作哲學的論點

　　簡春安（2008）認為社工專業牽涉到心理面、人性面、社會面、制度面、經濟面與政治面等各種方面的影響，但是社工知識理論的追求，應由哲學的角度來探討，並提出五個支持社會工作專業的重要哲學論點，包括內省哲學、外觀哲學、理性主義、實用主義及理想主義，以下將社會工作運用各哲學論點分別敘述，以內省哲學、理想主義、實用主義運用較多（圖2-1）。

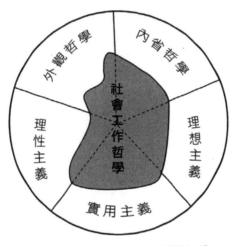

▲圖 2-1　社會工作哲學比重

一、內省哲學

　　內省哲學著重對精神的探討，看重生命的整體性，並強調人的主體性、選擇性，認為人的思想和精神有多種功能（如認識、感受、組織、歸納、思考、批判、反省、辯證、模仿、創造等）。因此，內省哲學假設人有自由做抉擇、人能為自己所做的決定負責、人有與生俱來的尊嚴等，因此人可不斷的成長與變化，藉著內心力量的解放，人可以尋找生命的意義、達成人生的目標。

在社工師的基本特質中，眞誠、溫暖、同理心及案主自決都與內省哲學有關。以此延伸出的相關的理論有：存在主義、意義治療法、功能派社會工作、女性主義、認知理論、建構理論等（表2-2）。

▲表 2-2 內省哲學運用於社會工作之理論

內省哲學理論	於社會工作之涵義	於社會工作之運用
存在主義	認爲案主的問題來自於「失去自我」，應以案主的心靈世界爲主，分析案主當下的自我狀況，並與案主一同尋找解決方法、面對問題。	• 協助案主重新尋找自我。 • 協助案主建立生活目標。 • 理解與接納案主的弱點，鼓勵案主面對困境與難題。 • 引導案主面對應負起的責任。 • 肯定案主的自我抉擇。
意義治療法	與存在主義相似，主要強調人的成長階段都有應注重的精神與心靈意義、抉擇的自由與應負起的責任。	• 與案主關係的建立重於治療。 • 同理心應經由思考後的理智行爲來表達。 • 社工師與案主的關係是熱心與眞誠，不可操弄案主或強加價值觀。 • 矛盾取向法（paradoxical intention）。 • 停止反省法（de-reflection）。
功能派社會工作	強調時間的有限與機構的功能，認爲案主會不斷動態的變化，因此要從未來思考案主的需求，正向看待案主的功能性與發展性。	• 無條件的接納案主。 • 鼓勵案主改變自我並給予協助。 • 以成熟的態度面對結案與分離。
女性主義	打破理性與男性、感性與女性的同義詞，認爲融合理性與感性的知識才是客觀，而男性與女性是相同的存在。	• 建立女性福利組織。 • 重視女性人權、經濟權與健康權。 • 保障女性人身安全。 • 同意女性擁有權力與決策能力。 • 提供正確的兩性概念之教育。

認知理論	強調人的思維會影響個人行為，而個人的思維是經由社會學習的過程中所建立。	• 機構的服務應有其近便性、及時性。 • 社會力是治療的處理重點。 • 尋求更好的問題解決方案，鼓勵案主做新的嘗試，也可適時以社工師的經驗給予建議。 • 從案主的真實情況出發，處理其動機，促進案主的學習與改變。 • 尊重案主的價值與活動，利用案主的學習模式協助其改變。 • 運用、轉換所學習的解決方案。 • 與案主的溝通中適時運用澄清與開放技巧。 • 利用契約，鼓勵案主表達目標並遵守。 • 考量施行方案的著力點，確保治療的安全性與穩定性，並對案主的改變懷抱希望。
建構理論	行為會受到個人內心建構的內容與形態所影響，因此建構方法錯誤、建構結果錯誤／易被改變／不易更改等，都會造成病態的行為。	• 利用建構測驗了解案主的建構原則，以找出問題所在並進行修正。

二、外觀哲學

　　外觀哲學鑽研自然界物質組成、探討外觀事物、講究工具與科學的方法，相較於內省哲學強調自我抉擇，外觀哲學則有濃厚的「決定論」色彩。外觀哲學假設人的本質不在內心，而是在所表現的行為；認為人生下來本是一張白紙，接受環境的刺激而不斷學習，才總合成人的行為。此外在表現的行為組成人格，由於行為與人格是由環境塑造而成，所以教育培養比本質還重要，由此發展出行為學派的理論，也是外觀哲學的代表理論。

　　外觀哲學於社會工作中運用的相關理論有：古典制約的行為理論、工具制約的學習理論、系統減敏感法、肌肉鬆弛法等（表2-3）。

▲表 2-3　外觀哲學運用於社會工作之理論

外觀哲學理論	於社會工作之涵義	於社會工作之運用
古典制約的行為理論	案主經由中性刺激的訓練（制約刺激），習得與原非制約刺激接近的反應。	• 行為的評估：列出、定義問題，了解問題出現時的前後行為，並設定改善之標的行為與評值之基準線。 • 執行：首先定義與探討標的行為，利用左列各種行為理論的方法，促進標的行為之產生，並加以追蹤、適時修正。 • 評值：與案主一同檢視行為建立的歷程，並設立持續行為的情境，且追蹤、紀錄，至問題行為完全解決。
工具制約的學習理論	給予行為所產生結果之正／負增強、正／負懲罰，使案主學習執行或避免該行為。	
系統減敏感法	將案主恐懼的事件劃分為幾個層級，漸進式的協助案主面對，或建立新的條件反應。	
肌肉鬆弛法	利用緊繃／放鬆，交替的訓練全身肌肉，以達到身心放鬆之目的。	

三、理性主義

理性主義者認為理性優先於感官認知，雖然理性主義不反對經驗，但對其提出懷疑，認為由感官獲得的知識可能受到誤導，故可驗證的數理法則是最可靠的。因此，真理的獲得應依據數理原理、原則，將知識建立於邏輯基礎之上，甚至道德體系也應該要經過邏輯的公理演繹，一定要用自然科學方法來探究、歸納出道德的結論。

四、實用主義

實用主義認為邏輯是建構於經驗之上，應該利用各種工具的體驗來闡明「事實勝於雄辯」的觀點，強調理論與實踐，重視知識與行動、事實與價值之間的關聯性。實用主義認為實用才有價值，有效者乃為真，由美國學者杜威（Dewey）提出的「解決問題五步驟」堪稱為實用主義的代表，五個步驟依序為：①思考問題；②分析造成問題的原因；③建構假設，提

出解決問題的方法；④評估每種方法所需付出的代價與結果，排出優先順序；⑤驗證假設，選定有價值、實用的好方法。

　　實用主義於社會工作中運用的相關方法有：問題解決模式、任務中心社會工作，及危機處遇模式（表2-4）。

▲表 2-4　實用主義運用於社會工作之方法

實用主義理論	於社會工作之涵義	於社會工作之運用
問題解決模式	認為社工師處遇個案問題時，應有效率的將問題解決。	處遇個案問題時須依據 6P 加以分析，以找出問題的癥結： 1. 案主（person）。 2. 問題（problem）。 3. 機構（place）。 4. 助人過程（process）。 5. 專業人員（professional person）。 6. 機會的供應（provisions of opportunities）。
任務中心社會工作	強調問題解決的策略，與案主共同擬定任務，以完成任務的方式解決問題。	• 探討與確定標的問題，並設立基準線。 • 深入探索問題。 • 訂定書面契約，並遵行契約中的規範。 • 規劃任務，並與案主達成共識，或討論替代方案。 • 訂定執行任務的細節與執行的時間。 • 強調執行任務的重點，並討論完成任務的優點、預期障礙與處理等。 • 評值與修正任務，若可結案，則協助案主規劃後續的成長任務。
危機處遇模式	設法在短期之內協助有心理社會困擾的案主渡過危機情境。	• 評定案主所遭遇的危機情境，了解危機發生的因素，與危機造成的結果。 • 訂定處遇案主危機問題的目標。 • 執行完成處遇目標的計畫。 • 結案並進行評估。

五、理想主義的哲學

自古以來的哲學家提出許多達成理想社會的制度，如有畢達哥拉斯的「公社」、柏拉圖的「理想國」、亞里斯多德的「德行與藝術」，盧梭的「社會契約論」，馬克思的「共產主義社會」、亞當史密斯的「自由主義的市場與社會」等。以此歸納出理想的人類行為特質包括：規律與節制、嚴謹生活、追求智慧、提倡儉約、德行與享樂、懺悔與信仰，及助人（簡春安、趙善如，2008）。

結語

社會工作是助人的實作專業，除了強調實用性以外，如何智慧助人更是需要終身學習的課題，因此哲學探討的基礎不能被忽略。唯社會工作哲學與理論的範疇廣、內容多，本章僅能以概念性說明重要的哲學理論與社會工作之架構，無法詳細探討，建議讀者可以研讀相關專書，以獲得更完整的知識。

情境練習

17歲少女因課業壓力、感情問題而有自殺意念與自傷行為，你會如何協助這位案主？並提出所依據的倫理與哲學論點，可以醫務社工師、學校社工師、青少年機構社工師、家庭／社區社工師等角色來演練。

教學參考

課堂活動：

　　1. 分組討論：

　　　（1）我的人生觀、我認為最重要的價值、我推崇的一位哲學
　　　　　　家。

　　　（2）認領一個主題，準備於第6～7週中報告（各專業倫理守
　　　　　　則：律師、醫師、護理師、教師、臨床心理師或其他專
　　　　　　業；各國社工倫理守則：美國、英國、澳洲、新加坡、香
　　　　　　港或其他國家，如加拿大、德國、紐西蘭等）。

　　2. 各組簡要報告討論之內容與結論。

學習作業：

　　1. 完成本週小組的討論記錄。

　　2. 熟悉數位平臺的使用。

CHAPTER 3
社會工作思想的脈絡

第一節　社會工作思想的溯源與探討
第二節　現代社會工作的根基

學習目標

1. 梳理社會工作思想的脈絡，了解在古代社會中有哪些重要的思想影響社會工作的發展。

2. 了解古代社會東西方各有哪些重要的社會工作思想。

3. 了解現代社會東西方社會工作思想的差異。

4. 認識當代社會思想的派別，並能與理論連結。

5. 了解宗教對社會工作思想的影響。

前言

　　社會工作的根源，或可溯本於人類互助的天性，這種天性，不僅表現在滿足日常生活需求，更在群體危機出現時，藉著通力合作、互助得以度過危機，並不斷進步。因此社會工作的根基是來自於社會工作思想，社會工作思想則上承於社會工作哲學，以下將分別敘述之。

第一節　社會工作思想的溯源與探討

　　徐震與李明政（2004）於《社會工作思想與倫理》一書中，針對社會工作思想的起源與發展，將社會工作思想分成古代社會、現代社會、當代社會。本節引用此一架構模式，合併東西方的重要社會工作思想整理如表3-1及圖3-1，並加以釋義。

▲表 3-1 社會工作思想的脈絡

古代社會思想	博愛	東方	• 孔子：「仁」的思想，例如：愛人如己，民胞物與。 • 墨子：「兼愛」的思想，例如：兼善天下，苦難力行。 • 管子：「九惠之教」的思想，例如：老老、慈幼、恤孤、養疾、合獨、問疾、通窮、振困、接絕。
		西方	• 古希臘的幸福論（eudemonism）：幸福是道德的標準，來自與人分享。 • 古羅馬的責任說（responsibility）：富人的責任是為窮人解決痛苦。 • 希伯來的正義觀（justice）：演變為社會正義，指對弱勢團體的公平待遇。
	大同	東方	• 孔子的均富論與大同思想：不患寡而患不均，天下為公。 • 孟子的仁政論及推恩理論：保民、富民、愛民，由親及疏。 • 荀子富國裕民的福利思想：開源節流、強本節用。
	宗教思想		• 基督教：博愛、助人、身心靈並重、愛心與謙卑。 • 佛教：布施、福田、無盡、慈悲、放生、報恩、利他。 • 道教：信道（道、經、師）、修道（精、氣、神）、行道（慈、儉、讓）。

現代社會思想	• 個人主義（individualism）：重視個人理性自由，強調人的尊嚴、自主權、隱私權及自我發展。 • 集體主義（collectivism）：強調群體利益重於個人利益。 • 人道主義（humanitarianism）：尊重人性尊嚴與個人之價值，認為社會應重視每個人的生存權、工作權、教育權、居住權及福利權。 • 多元主義（pluralism）：認為人的思想有多樣性，應包容社會中不同的社群、信仰、觀念和生活方式。 • 社區主義（communtarianism）：強調社區的自助、自主與自治。
當代社會思想	• 緩和基本生存危機的社工思想：任務中心模式、危機調適模式。 • 關注「人格」干預的社工思想：診斷派社會工作、功能派社會工作。 • 關注「社區人際網絡」干預的社工思想：社會生態系統觀點、社區治理觀點。 • 關注「社會結構」干預的社工思想：馬克思主義、女性主義、多元文化主義、後現代思潮、充權觀點、開業社工。

　　社會工作思想的探討，可以簡化如下圖，時間序上自古代下至當代；左近西方，右連東方。

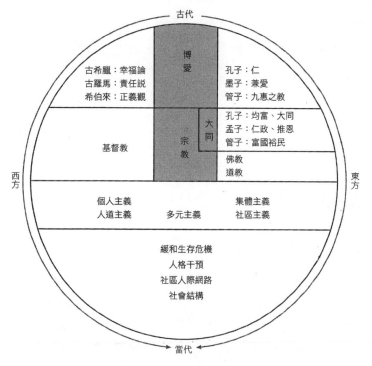

▲圖 3-1　社會工作思想探討

第二節　現代社會工作的根基

現代社會工作發展的基石，已公認是慈善組織會社（Charity Organization Society; COS）與睦鄰組織運動（The Social Settlement Movement）（徐震、李明政，2004），以下分別介紹之。

一、慈善組織會社

慈善組織會社於19世紀的英國成立，其時代背景主要是因為工業革命的興起，經濟變革導致貧富差距迅速擴大，需要救濟的人口超過當時全英國人口的1/10，因此許多私人的慈善救濟活動蓬勃發展，彼此間卻缺乏組織性，導致資源浪費與混亂的現象。故索理（Henry Solly）於1868年成立慈善設施經理會（Society for Organizing Charitable Relief and Repressing Mendacity），並於隔年改名為「慈善救助與制止乞討組織會社」，也就是目前所稱的慈善組織會社（COS）（徐震、李明政，2004）。

COS主張窮人應努力維持自己的基本生活，不宜濫用公共救濟資源，否則可能會造成「職業乞丐」的現象，因此有組織的將倫敦劃分為若干區，每區設立一個志願委員會，由救濟委員對申請的窮人做家訪，製成詳細的個案紀錄，並集中管理，然後依此協調政府與民間組織的資源，主持救濟分配，避免窮人同時接受不同機構的救助。

二、睦鄰組織運動

19世紀中期，英國的丹尼生（Edward Denison）提出一個理念，他認為救濟不能真正解決窮人的問題，應由教育著手改變窮人的生活，才是治本之道，也就是俗話說的「給一個人魚吃，不如教他怎麼釣魚」。他呼籲知識分子應利用「遷入居住」的方式輔導窮人自助，和窮人共同生活，尋求跨越貧窮、解決貧窮問題。同時強調持續關懷窮人，以中下階層的想法

與看法，來從事社會改革，才能確保社會成員均能有基本的正常生活。而這樣的理念也成為睦鄰組織運動發展的基礎。

19 世紀後期巴涅特（Samuel Augustus Barnett）將丹尼生的思想發揚光大，他於 1884 年創立一個大學公社（湯恩比館），號召知識分子參與窮人的志願服務工作，而這也是第一個睦鄰組織的成立。湯恩比館的服務內容包括：免費諮詢、法律服務、老人服務、殘病兒童服務、戒酒服務與教育工作等。同時期於美國也有柯義特（Stanton Coit）創立睦鄰組織，致力於種族問題、勞工生活與安全、改善貧窮等議題。美國的亞當斯（Jane Addams）創立赫爾館，致力於婦幼議題、社會政策立法與修訂等，成為當時最為著名的睦鄰組織。

結語

社會工作可說是源自英國，發展光大於美國，現在是全世界普遍接受的專業。西方博愛思想、基督信仰可說是影響的根源，東方則深受儒家思想及佛教、道教的宗教思想影響。古代思想中愛（愛人如己）與責任（關懷弱勢、仁政與富國裕民）是東西方都有的重要內涵，影響社會工作的孕育萌芽。繼之現代社會思想中，西方社會的主流為個人主義，東方社會則偏向集體主義；而人道主義、多元主義、社區主義的挹注，寬廣了社會工作的思想範疇。1950 年代之後，社會工作相關的理論學說及處遇模式如百鳥爭鳴，關注的重點不論是個別危機、人格干預或是社區網絡、社會結構，各家理論學說豐富了社會工作的思想內涵，也才有如今社會工作思想多元的面貌。

情境練習

　　選定一個倫理議題，試著以個人主義、集體主義、人道主義、多元主義、社區主義等思想模式，加以解析。

教學參考

課堂活動：

　　1. 分組討論：

　　　（1）確認各組認領倫理守則的主題。

　　　（2）課堂回應或討論。

　　2. 各組簡要報告，及對報告小組之回饋。

學習作業：

　　1. 完成本週小組的討論記錄。

CHAPTER 4
社會工作專業價值與倫理發展

學習目標

1. 認識社會工作的專業特質。

2. 能說出社會工作的價值和內涵。

3. 能指出、歸納李維（Levy）、雷默（Reamer）等學者將社會工作價值統整的三個類型。

4. 了解西方社會社工倫理發展的五個階段，與每階段關注的重點。

5. 能簡述我國社工倫理發展的階段重點。

前言

　　本章主要說明：社工專業特質是以人為核心，重視弱勢族群。社工的價值在於「人性尊嚴與社會正義」，重視實踐。社工倫理發展歷程，中、西方各有其階段和特色。

第一節　社會工作的專業特質

　　社會工作制度起源於1601年英國《伊莉莎白濟貧法》（The Elizabethan Poor Law），正式承認政府對於無力供養自己的貧困人們有救濟的義務，要為地區無工作者及兒童準備糧食，為有能力者安排工作，是最早建立社會救助制度和工作方法的典型，也是後來歐洲及美國推行相關救濟的藍本，並開啓社會工作專業化的大門。

專業特質的演進

　　19世紀末至20世紀初，慈善組織會社和睦鄰組織初步樹立了社會工作的三大專業方法，以個案工作、團體工作、社區工作來協助弱勢，或需要幫助的個人、家庭、團體和社區等。當時社會工作之主要目的，除了恢復或增強個人、團體、社區的社會功能之外，且要提升能力，改變社會環境。莫勒斯（Morales）與西佛（Sheafor）於1988年提出社會工作核心使命（3C）是：

1. **照顧（care）**：照顧弱勢人口，提升其生存品質。
2. **治療（cure）**：透過服務輸送及矯治的過程來促成行為、關係的改變，舒緩不幸，預防問題。
3. **改變社會（changing the society）**：透過倡議與教育，立法遊說、政策制定來改變社會，使朝向有利弱勢者生存的方向。

現代社會工作專業追求平等（equality）、公平（equity）、自由（freedom）、分配正義（distributive justice）與利他（altruism）。由此延伸出的專業特質有7項，包括：①能了解專業知識與相關理論；②能利用專門技巧；③專業工作者心智成熟且經過訓練；④重視實際工作；⑤對其他領域的知識能探討與利用；⑥動機為服務而非謀利；⑦有共同信守的工作道德與專業倫理。此外，現代社會工作以價值為基礎，更重視服務過程及講究專業關係，認為社工師與案主間有良好的互動、建立合宜的專業關係是助人最重要的媒介。透過專業關係建立，才能獲得案主的信任，進行有效、有益的協助。

總之，社會工作根據人類互動的天性，由社會本能逐漸發展為高層次的倫理道德表現，工業化對於社會造成很大衝擊，使得社會問題快速增加，也促成了社會工作的發展，將互助行為透過組織化、全國化、積極化、科學化與專業化逐漸發展成為社會工作的專業。而這個助人事業最重要的特質是以人為核心的工作、以人為對象，社會工作者特別重視對弱勢人口群的承諾，兼顧個人福祉與社會正義平等的觀念。

第二節　社會工作價值

一、價值的定義、特徵與類型

價值（value）是個很難下定義的名詞，國內外文獻皆對此有很多的討論，但眾說紛紜，並沒有一致或公認的定論。綜合而言，價值是一種基本信念，是主觀的認知判斷，具有相當的持久性與穩定性。價值可以做為評論事物的標準，價值也是引發行為的動機（曾華源、胡慧嫈、李仰慈、郭世豐，2012；Rokeach, 1993）。

價值有兩極性與選擇性的特徵：

1. **兩極性價值**：常以正／反對立兩面來呈現，兩極性不容許所謂中立，只

能在喜歡或不喜歡、接受或拒絕中偏向一邊。

2. **選擇性價值**：多種價值可以依重要性的順序或等級來排列，在面對兩個以上的價值時做出選擇，選擇的依據往往是個人認為重要性較高的價值。

價值若以目的和手段區分，有終極性價值與工具性價值兩種（蔡貞慧，1992；曾華源等，2011；Johnson, 1983; Rokeach, 1993）：

1. **終極性價值**（terminal value）：價值本身較抽象、較易被大團體成員所共同認可，例如：自由、尊嚴、正義等。可以是個人想要達到的最終目標，也可以是社會普遍認同的重要價值。

2. **工具性價值**（instrumental value）：是產生或朝向終極性價值的手段或方法、原因或工具。例如：自決與保密是將「個人價值與尊嚴」操作化的手段，故屬於工具性價值。

社會工作的價值是一種對集體責任的思考，隱涵社會工作在社會的角色，它不是一套隨機或容易變更的規範，也不只是外在社會價值觀的反映。社會工作的價值觀與社會工作的使命及特質息息相關，也影響社會工作者與案主、同僚及與社會的關係，會反應在社會工作者運用的服務方法，和面對實務工作中倫理難題的抉擇與處理。

二、社會工作價值的內涵與類型

社會工作價值的類型大致可以國內外學者之經驗，分為4個面向加以討論：

1. 高登（Gordon）指出社會工作的基礎建構於六種價值觀之上（包承恩、王永慈，2011/2006；Gordon, 1965）：
   （1）社會中主要的關注對象是個人。
   （2）社會中的個人是相互依賴的。
   （3）社會中的個人也對他人負有社會責任。

（4）個人有相同需要，也有其獨特性。

（5）民主社會是讓個人的潛能充分發揮，個人經由社會參與的方式善盡其社會責任。

（6）社會有責任協助個人實現自我、除去及預防各種阻礙。

2. 李維（Levy）認為社會工作價值的核心起源於：①社會價值（social values）；②組織與制度價值（organizational and institutional values）；③專業價值（professional val-ues）；④人群服務實務的價值（human services practice values）。以此四種核心概念將社會工作價值歸納為三類（包承恩、王永慈，2011/2006；秦燕，2009；Levy, 1984, 1973; Schlesinger, 1985）：

（1）對個人有更好的概念（preferred conceptions of peo-ple）：人的本質是重要的、有價值的，而個人的能力是可以改變與成長的。

（2）使個人有更好的結果（preferred outcomes for people）：強調自我了解、自我實現的重要，應給予每個人同等的機會。

（3）給予更好的對待方法（preferred instrumentalities for dealing with people）：對待個人的方式要使其有最大機會做自我指導與管理，讓個人有選擇的機會。例如：可決定是否選擇安寧緩和療護、洗腎或廣泛性的化學治療等。

3. 美國社會工作協會（National Association of Social Workers; NASW）在 1997 年啟用的社會工作倫理守則中，清楚列出 6 個專業核心價值與倫理原則：

（1）服務：社會工作主要的目標為協助有需要的人，並且關注社會問題、採取行動。

（2）社會正義：社工師要挑戰社會的不公正。

（3）個人尊嚴與價值：社工師需尊重個人與生俱來的尊嚴與價值。

（4）人際關係的重要性：社工師應認知人際關係的重要。

（5）誠實正直：社工師的行為應是值得信賴的。

（6）能力：社工師應在自己的專業能力範圍內執業，並提升自己的專業

知能。

4. 我國現行的社工倫理原則（2019 年版）中標明，社會工作的使命與核心價值：

- 使命：社會工作以人的尊嚴與價值為核心，使服務對象都能獲得人性尊嚴的生活條件，讓所有不同文化的族群，都能同等受到尊重。
- 核心價值：努力促使服務對象免於貧窮、恐懼、不安、壓迫、及不正義對待，維護服務對象基本生存保障，享有尊嚴的生活。

總而言之，社會工作的價值主要在於「人性尊嚴與社會正義」，還有如何能有效追求此價值實踐的特質，例如：專業能力、廉潔守法的操守、尊重關懷的態度，及持之以恆、鍥而不捨的堅毅（圖4-1）。

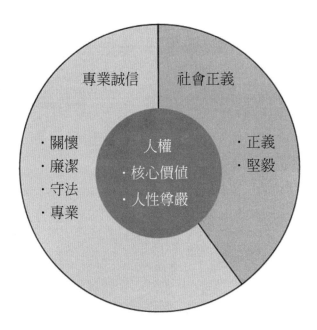

▲圖 4-1　社會工作價值探討

第三節　社會工作倫理發展歷程

　　專業倫理是專業被認可與繼續發展的重要根基，社工倫理是社會工作價值的實踐和社工師行為的準則。而倫理是由理論與核心價值而來，向下則發展成倫理守則。社工倫理守則可以包含對案主、對同僚、對實務機構、對專業、對社會大眾等幾部分。而核心價值向上源接社會工作哲學與思想的發展脈絡。

　　社工倫理是由已被社會工作集體分享的抽象價值、信仰所推演而來，形成具體而可實踐的行為標準。這些標準若經過社會工作專業組織確認，依一定程序訂定為專業成員共同遵守的規範，再有書面規章正式發布，就成為現今的社工倫理守則。社工倫理守則對專業服務非常重要，能確保專業使命的達成、界定專業的角色職責、提升專業服務能力、作為面對倫理難題時的指引，同時也賴以約束成員行為及範定專業權力的行使。

一、西方社會工作倫理的演進

　　美國學者雷默（Reamer）將社工倫理的演進分為五個階段，分別說明如下。

第一階段（19 世紀末期）：濟貧與關注案主的思想行為

　　此階段的專業任務主要在濟貧，關注的是案主的思想行為是否合乎道德標準。例如：在慈善組織會社時代，對於申請救助的貧民，要先訪視調查其經濟狀況，並了解其行事為人是否符合道德標準（如有無偷、搶、欺騙；有無目無尊長的態度；有無批評政府、教會的言論等），尤其是將同性戀、戀童癖視為敗壞道德的行為。若通過審核者有不完全符合倫理標準的言行，則在接受補助的期間，同時要接受教化。

第二階段（20 世紀初期）：關注社會改革，重視專業本身的發展

認為社會問題的產生不在於有問題的個人，而是導因於社會結構的敗壞，例如：工業革命機械化的生產造成個人失業；人口遷往都市造成居住困難等。此時期也是社會工作專業開始發展的階段（1919 年 NASW 開始起草專業倫理守則），重視造成社會的原因，致力減輕與消除貧窮和疾病，關注整體社會的福利，認為專業發展要能要影響社會改革、福利眾人（包承恩、王永慈，2011/2006）。

第三階段（1940 年代末期～ 1950 年代初期）：關注專業與實務工作者的道德倫理問題

由於社工專業的逐漸發展，許多相關理論開始運用至社會工作中，如精神分析、認知行為、社會心理診斷等，也納入正式的學制中培養社工人才，使得專業工作者道德養成及實務工作中的倫理行為開始受到重視。

第四階段（1960 年代）：重視社會平等、福利權、人權、歧視與壓迫等問題

第二次世界大戰後，人本主義、危機調適的相關專業理論興起，社會工作轉而重視社會正義、權利與改革。NASW 在 1960 年正式公布第一版的社工倫理守則，將反壓迫、爭取人權與福利權等社會平等的概念納入。

第五階段（1970 年代～ 1990 年代）：應用性專業倫理興起

此階段各派理論學說紛起，百家爭鳴，訴訟和不當處置案件增加，迫使專業提升倫理方面的教育。由於西方社會對專業的需求和倚重增加，而媒體的發展，披露許多專業人員利用案主的謀利事件，引發大眾對專業人員道德倫理的高標準要求與監督，也使得學校和專業團體更重視倫理教育和訓練。

第六階段（2000 年之後）

自2000 年後，倫理教育訓練的重點已由難題抉擇移向倫理風險管理。

三、我國社會工作倫理的演進

配合專業化的五個階段，來看各階段我國社工倫理的發展：

第一階段（1948 年前）：社會工作的引進，但尚未提及社工倫理

現代的社會工作是隨著美國基督教教會，與慈善基金會的引介而進入中國。在1910 年～1945 年間，社會工作僅止於教會大學、教會醫院與其他教會機構，大多數是在城市中發展。

第二階段（1949 年～1979 年）：社會工作的蘊育開拓——專業教育開始，社工倫理的初探

- 1949 年國民政府遷臺，1949 年省立臺北醫院、1951 年臺大醫院相繼成立社會服務部。
- 1950 年基督教兒童福利基金會成立。
- 1964 年全臺各縣市成立家庭扶助中心，資助貧童。
- 1972 年臺灣開始進用縣市及山地社會工作員，並逐年擴展。

社會工作教育方面，由早期依附在社會學之下，改為獨立學科。例如：1951 年省立行政專校設立社會行政學系，1955 年東海大學、1960 年臺灣大學成立社會學系等。至1973 年、1974 年社會工作教育進入分組教學。

此階段的社工專業教育在社工概論、個案工作、團體工作中，會延用國外教材提及社工倫理，但沒有單獨社工倫理課程，或特定倫理主題的研討會。

第三階段（1980 年～ 1996 年）：社會工作形象的塑造，專業倫理需求強烈

此期全臺各縣市都設置有社會工作員，專業團體組織亦陸續成立。例如：1983 年成立醫務社會工作協會、1989 年成立社會工作專業人員協會、1992 年成立社會工作教育學會等。此外，社會工作專業人員協會與醫務社工協會更共組聯盟，向立法院強烈建議推動《社會工作師法》，爭取社會工作獲得國家與社會的認可。

學術活動方面，蔡漢賢教授於 1982 年出版專書《從職業道德的重要性論如何建立我國社會工作專業人員守則》；此期另有數本翻譯書，如張隆順翻譯李維（Levy, 1967）的《社會工作倫理》、鐘美育翻譯羅文柏格與多羅夫（Lowenberg, & Dologoff, 1988）的《社會工作倫理判斷》；也有少數期刊發表專業價值和倫理的文章。輔仁大學更於 1990 年、1995 年舉辦「社會工作倫理研討會」，可說是最重視社工倫理課題的學校之一。

第四階段（1997 ～ 2006 年）：社會工作進入法制化的階段，社工倫理守則訂定

1997 年 4 月 2 日《社會工作師法》頒布施行，於同年開辦社工師考試，隔年第一版社會工作倫理也隨之公布實施。此期間各大專院校的社工相關科系快速增加，2006 年亦開辦社會工作職系公職高考，顯見社會工作的蓬勃發展。「社工師公會全國聯合會」在 2002 年成立。

此期間已注意到提供繼續教育機會，及實務研討之重要性，故各校及專業團體多次舉辦社會工作專業倫理研討會、在大學院校開始有不定期的選修課程等。學術活動方面，碩士論文逐漸有以社工價值、倫理為主題之研究，更多翻譯與編著的專業倫理書籍紛紛出版。

第五階段（2007 年～迄今）：社工專業制度建立、發展關鍵期，社工倫理促進

　　2008 年起由完成大學社工系所的評鑑，到《社會工作師法》修法，考試資格與倫理守則的修訂等，社會工作專業發展邁入專業制度建立和發展的關鍵。新版社會工作倫理守則在全聯會主導，與產、官、學代表參與的討論之下，終於經內政部於 2008 年 3 月 28 日予以核定，並於 2019 年修訂執行至今，社工師執業須遵守此嚴格明定的守則。全聯會在 2010 年初成立倫理委員會，推動倫理教育訓練及接受倫理申訴、審議爭議案件。

　　此階段重視倫理教育與實踐，故大學院校社工系陸續開設獨立的「社會工作倫理」課程，部分學校並將之列為社工相關學系的必修課程。

結語

　　概括來看，由 19 世紀末到 21 世紀初，西方社會工作核心思想曾經歷數次重大的爭論，都影響著社工倫理的發展。例如：當人們開始爭論社會工作的重點應該放在個人矯治或者是社會改革？就由第一階段進入第二階段；在第三階段又思考是社會工作該強調機構整體助人功能，或是強化個別社工師專業知能？而第四階段則為了要更激進的倡導基變社會工作，或是依循傳統社會工作在體制中改進而爭論。事實上，導致爭論的議題也就是社會工作倫理的重點，如何拿捏、判斷與取捨，是每個社工師也是整個社工界的共同課題。現今，無論東西方的社會工作倫理，都強調避免執業服務的風險，與強化社工倫理的教育訓練，然而如何教學？教學的內容為何？是否發展倫理諮詢及審議機制？又將是新的討論重點。

情境練習

　　單親案主因吸毒入獄服刑，三歲的案子（案主之子）託親戚照顧卻遭虐打，被鄰居通報兒童保護。請試著以本章之內容來思考，什麼是對個人更好的概念？如何使個人有更好的結果？並依照社會工作的價值，提出三個對此案中之案子更好的對待方法。

教學參考

課堂活動：

　　1. 分組討論：

　　　（1）現代社會工作專業價值。

　　　（2）社會工作倫理的教學可以如何發展。

　　2. 各組簡要報告討論之內容與結論。

學習作業：

　　1. 完成本週各組討論記錄。

　　2. 電影欣賞，並完成個人心得報告。

CHAPTER 5
個人價值與專業價值的協調

學習目標

1. 認識個人價值的形成過程，及確認本身的個人價值。

2. 了解社會價值及東西社會價值的差異。

3. 體認多元文化價值，原住民、新移民與臺灣主流文化價值的差異。

4. 能思考自我價值與專業價值的差異，及如何調適差異。

前言

　　大專院校中的社會工作相關學系，會教導社會工作的價值與倫理，然而在這之前，每個人有其特定的生長背景、家庭撫育、社會環境及文化特質。例如：來自偏遠山區的原住民、眷村單親家庭成長的客家人、都市公務員的子女、商業人士子女等，可能在價值觀有頗大的差距，也因此對於社會工作的價值與倫理有不同的體會。社會工作師要能體認個人價值、社會價值、文化價值的意義和影響，並與社會工作專業價值間有合適的協調。

第一節　個人價值

　　個人價值是指個人對於價值的看法和態度，影響個人的選擇和行動。個人從出生開始就受感官知覺及外在學習環境的影響，形成個人價值觀的因素可由三方面來談討：

成長經驗

　　指個人的出生、健康狀態、身心發展，是否曾遭遇特殊的受創事件、其調適及因應的過程等。

個人興趣、創造力

　　個人氣質與偏好各有不同，如活潑／文靜；喜歡藝文／運動等，不同氣質會培養不同興趣，而產生不同的嗜好。個人特質可能有務實派的，有想像力豐富的；有人周延穩健，有人喜歡冒險創新等。

社會化的結果

　　經由父母的管教；師長、學校的要求；同儕的期待和壓力；鄰里、親友、社群、媒體的影響等，所學習而來的價值。

　　以上三方面的因素，建構個人的價值概念，隨著人格發展過程，逐漸內化、自主化而成為穩定的價值觀，進一步指導個人的思考、態度與行為。當個人與他人互動，或受到外界刺激、挑戰、面臨選擇的時候，這些內化的價值觀就會開始運作，形成個人判斷與選擇的標準、原則，與決定採取的行動。所以觀察一個人外在表現出的行為、語言和態度（如工作態度、穿著打扮、言語論述、交友、追求伴侶等），就是其個人價值觀的外顯。

　　個人價值觀的形成過程可由圖5-1顯示。

▲圖 5-1　**個人價值觀的形成過程**

　　個人價值最重要的是形成個人的人生觀、世界觀，建立個人對生命、宇宙的看法，了解個人在一生中要追求的目標，這對於社會工作的養成教育尤其重要。因為，若能培養未來的社工師檢視自己的價值觀、確定自己的人生觀，才能進一步真心關切別人和助人。

第二節　社會價值

　　社會是一群人生活的整體。不同的社會有其特殊的價值觀。例如：農

業社會重視多子多孫、孝親敬祖、宿命守分、勤勞、節儉等；工業社會重視時間、標準、精確、效率、金錢等。又如鄉村社會勤睦鄰、重人情；都市社會重視工作關係、遵守制度規範等。而不同政治體制下的社會，也會有不同的價值，例如：民主社會鼓勵參與、意見表達、少數服從多數、多數尊重少數；集權社會重視中央菁英的規則、領導與資源分配、有效率的統治管理等。

許多學者研究東方社會與西方社會價值體系的差異，認為東西方主流價值有不同的取向，但都透過社會化的過程，讓該社會的主流價值控制或影響個人的價值判斷及行為原則。

一、東方社會價值

東方社會（以華人社會為例）重視天命，將個人依附於家人和親近的人，在意家人親友的想法，將之視為重要或唯一的諮詢求助對象。「關係親疏」、「地位尊卑」是互動準則與倫理關係考量的前提，「情→理→法」的順序，是華人社會做人處事評量的指標。

黃光國（1999）指出：中國人重視和諧，當發生衝突時，常常不論事情的本質或誰對誰錯，而是看與該人的親密程度決定行為表現，稱為「親親原則」。年輕人要敬老尊賢、不能與長輩（老師、長官）爭辯、衝突，則是「尊重原則」。

華人社會的價值取向

1. 集體主義、家庭主義取向。
2. 權威、順從、外控取向。
3. 他人、過去、關係取向。
4. 安分、謙讓、自抑取向。

（曾華源、胡慧嫈、李仰慈、郭世豐，2012）

二、西方社會價值

西方社會重視個人，強調個人的獨立性、完整性；講求個人自由與權利、自我決定與自我實現。若論做人處理的評量標準，會以「法→理→情」為優先順序。

西方社會的價值取向

1. 個人主義取向：人是主體，掌控自己的未來和命運。
2. 生命價值取向：尊重生命、追求快樂幸福。
3. 尊重個人取向：重視個體的尊嚴和價值，不分時空情境。
4. 個人自決取向：人有自我決定的能力、權力和自由。

（曾華源等，2012）

第三節　多元文化的價值

文化是指一個社群（可以是國家、民族或族群）所共用的物質財富和精神財富的總合。它包含文字、語言、建築、音樂、藝術、思想理念、風俗習慣等。不同的文化社群所重視的主流價值亦有差異。人類學家李維史陀（Lévi-Strauss）認為最能表現人類本性的是原始部落族群的文化，因為原始部落很重視整體文化價值觀，會將整個部落族群的利益放在首位（李明政、莊秀美，2008）。

聯合國自 1965 年就訂立《清除一切形式的種族歧視國際公約》，1996年訂立《經濟、社會與文化權利國際公約》，也看到國際人權運動已由早期追求個體自由權，接著追求個體平等權，近年已進入追求文化集體權。顯示族群文化認同對每個文化中成員的生命與生活都有絕對的重要性，若沒有本族文化認同的個體，就失去完整的自我。

我國的多元文化

(一) 原住民文化

我國早期原住民政策注意一般化、本地化及去政治化，忽視原住民地區的規劃及投資；國民教育中亦忽略原住民文化的存在，造成原住民的經濟剝削、社會歧視、文化壓抑與自族認同模糊等。因此，1984年開始有「原權會」的社會運動萌芽，於2000年《憲法》正式承認原住民族的民族權，增修第十條：「……國家背景多元文化，並積極維護發展原住民族語言及文化」。

原住民社會價值觀

臺灣原住民有14族，綜括來看，原住民的文化價值觀包括：敬天、尊祖、崇尚自然、重視祭典、喜愛歌唱、舞蹈等，但每族仍各有其文化特色，且語言、婚姻制度、生活方式均有不同。

(二) 新住民文化

臺灣近三十年來因普遍的東南亞跨國婚姻及外籍勞工政策的開放，也有相當數目的新住民，他們有各自的母國文化與所重視的價值。教育部曾編訂東南亞文化教學參考手冊，對其地理、政經、信仰、文化（如節慶、飲食）等加以介紹，顯示對於外來文化的接納。

現今，越南、泰國、印尼、菲律賓、馬來西亞、印度這些東南亞來源的新住民，加上為數眾多的大陸籍配偶，組成了臺灣新一階段移民的多元文化注入，也挑戰著社會工作者對文化差異價值觀認知的文化能力。

第四節　個人價值與專業價值的調適

　　省思個人價值、體認社會價值，探尋文化價值的意義和影響，並與社會工作專業價值做妥適的協調，是掌握社會工作倫理的前提。反思、辯證、評估判斷、執行、驗證是學習及提升社工倫理的方法。

反思

　　首先反省思考自己的價值觀。如果你還沒有確立人生追求的價值觀，那麼要成為一個助人專業者之前，先建立自己的價值觀。你的價值觀可能深受成長家庭、父母、親友、師長的影響，分析哪些人影響你最大、最多？因為這些影響其實有好壞，當你年幼時受到影響可能不會察覺，但你已長大成人，具備思考、辨別、判斷的能力，便可以選擇摘取你認為合適、值得追求的價值；修正你認為不合宜、不想要追求的價值。在學習的過程中，有榜樣是幸運的、具體的，也是可尋求的，沒有人是完全人，但都有一些部分值得學習，可以觀察周遭有哪些人值得效法？尤其是道德操守、價值實踐部分。探討自己希望成為一個怎樣的人？成為一位怎樣的社會工作者？現在的所做所為是否朝著這個目標前進？

辯證

　　探討我們所處的社會有什麼價值？有哪些是主流價值？近年來有什麼變化？可與多人討論、辯證不同觀點，擴充自己的視野，檢視自己思考與他人的異同，並試著表達溝通。文化因多元而豐富，有容乃大；價值因考驗而精純，百鍊成金。有什麼價值是長遠下來能帶給個人及社會的繁榮、進步、幸福、快樂的？重要的是檢視自己認定的價值是否與這些價值符合？或是可以異中求同、同中求異的？

　　身為專業的社會工作者，在執行社工服務時，更要思考社會工作專業價值。例如：我關心人嗎？我能尊重人性尊嚴嗎？我的工作符合社會正義

嗎？我的價值與社工專業價值能並行不悖嗎？

評估判斷

在服務案主時，要能做正確的評估判斷。應了解案主有沒有重視的價值？受到什麼樣的文化影響？與社工本身重視的價值有何差異？因為有差異是正常的，但若能了解案主的成長環境、生活中所面對的人和情境，就更能多體會案主所重視價值的成因、緣由。價值往往會不同，也不必相同，但需要了解、尊重。

當從事社會工作服務的時候，如果發現對於某位或某類案主失去熱忱、不耐煩或常有摩擦、關係緊張，就要反思自己為什麼會有這樣的態度或做法，出於哪些想法（甚至是無意識的）讓自己產生這樣的反應？當發現某位案主或某類案主總是不理你、逃避你或敵視你，你願不願意設法多了解他的想法或需要？當能反思自己的價值，才會關心別人的價值；當願意尊重別人的價值，才不會把自己的價值強加在別人身上。妥適的評估判斷才能擬訂有效的處遇計畫。

執行

社會工作重在實踐，在執行案主服務的處遇中，是否讓案主有表達其價值與意願的機會？是否能尊重案主以其價值及意願為優先，落實處遇的計畫？

驗證

檢視執行的結果是否有效？原先的判斷是否合宜？或是應修正觀點、對待方式等。

反思（由內而外）、辯證、評估判斷、執行（務必符合專業價值）、驗證（圖5-2），透過這個反覆的歷程，可以對個人價值、案主價值、專業價

值，有更精準的體認和調適。

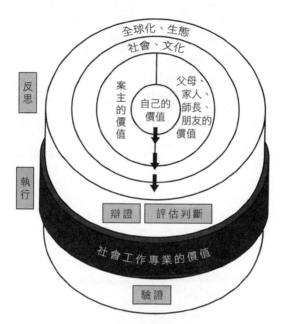

▲圖 5-2　省思協調自我與社工價值

情境案例

1. 進行中輟生輔導時，你發現孩子的父母完全不在意其在學業上的表現，認為父母未善盡職責。

2. 輔導校園霸凌的受害者時，因為孩子不會逃開或反擊，只會挨打、哭泣，你覺得很挫折。

3. 安養機構中的老榮民將許多天剩餘的饅頭藏於床底下，造成髒亂與異味，你覺得十分生氣。

4. 當你知道生病的案主被家屬移置住宅旁臨時搭建的矮棚內，且很少給予探視，急忙的與家屬據理力爭。

討論：

1. 因為案主的父母學歷不高，認為孩子不必非得念完國中，可以繼承家中的麵攤生意，腳踏實地過日子就好。

2. 受害少年成長經驗中曾因抵抗而遭到更嚴重的毒打，且因逃開而使得手足被波及。社工師應願意了解每位青少年背景和想法，幫忙他們更合宜的達到他們想要表達的、想要追求的。

3. 社工師若能了解案主節儉成性，且經歷戰爭的過去，這樣貯存糧食方能產生安全感，就能以更溫暖、尊重合宜的方式滿足他的需要，肯定他的價值，取得他的合作。

4. 事實上，此個案身處傳統的蘭嶼原住民家庭，其流傳的「惡靈風俗」認為生病的人會對家中帶來不幸，不能與家人共同居住或見面。且個案是自願並要求住進矮棚中，因為大家都這麼做。

　　價值觀可以培養、修正，當然它不是朝夕可達。只要建立自己的價值觀，就能減少浪費生命與資源的無謂抉擇或行為。願意向案主學習，了解不同年齡、階層、社會、文化的價值，尊重他們，才能真正的接近案主，成為他們的資源和支援，尊重他們的選擇和決定，否則非但不能助人、增能，反倒傷害人，使人失去信心。而在執行社會工作服務時，更要謹守遵循社工專業價值，置於個人價值之前。

　　事實上，有些國家的倫理守則有良知的拒絕（conscious rejection）條款，當你知道自己根深柢固的價值觀與某位案主或某些方案衝突時，可以接受轉案或不接此方案。例如：虔誠的宗教信仰無法接受同性戀婚姻合法的平權提倡方案；曾有被性侵的傷痛，無法進行性侵加害人的輔導等。但要經常反思、修正自己的價值觀與社工專業價值是否相符，且要能與不同價值觀的人共事或服務不同價值觀的案主，才能成為優秀稱職的社會工作者。

結語

　　反省思考自己的價值觀，探討社會價值，以交流辯證來實踐、發揚好

的價值。在社工專業的研習訓練中不斷提升自己對專業價值、多元文化價值的敏銳度，能更快速、正確評估判斷，堅毅持守，且維持開放的態度，不斷檢討精進。

情境練習

1. 你的人生觀是什麼？什麼是最值得追求的？

2. 你的價值觀受到誰的影響最大？什麼是你覺得應該珍惜的？什麼是你想要修正的？

3. 你的價值觀與社工專業價值相合與差異的地方爲何？（可由同學提供外在觀點）

4. 試比較一個不同文化觀點的例子（以自身經驗爲例）。

5. 你認爲應如何調適個人價值與專業價值？

教學參考

課堂活動：

    1. 分組討論：專題報告進展與課堂回應或討論。

    2. 各組簡要報告。

學習作業：

    1. 完成本週小組的討論記錄。

    2. 電影欣賞（《錢不夠用》／《面對惡靈》）。

第二篇
社會工作倫理守則

　　倫理守則是經過專業共識的機制，依據專業價值所訂定的具體條文，作為專業人員執行業務時的行為指引和自律規範。本篇並詳細介紹我國倫理守則的內容、制定與修訂過程，以及訓練、宣導、前瞻。

　　社會工作師在執行專業任務時，與其他專業團隊合作，也需要了解、尊重其他的專業倫理。全球化的時代，我們也應隨時掌握社會工作倫理的世界趨勢，先進國家和鄰近國家的社工倫理守則，都是值得交流、學習的。本篇亦介紹相關專業，如：醫師、律師、護理師、教師、心理師的倫理守則，整理美國、英國、澳洲、新加坡、香港的社工倫理守則。

CHAPTER 6
我國社會工作倫理守則

第一節 現行社會工作倫理守則
第二節 社會工作倫理守則的訂定、修訂歷程
第三節 社會工作倫理守則的訓練、宣導與前瞻

學習目標

1. 認識我國社工倫理守則的內容。
2. 了解我國社工倫理守則訂定的過程和意義。
3. 理解倫理守則的運用與宣導由自己開始。
4. 能思考社工倫理守則的修訂,和提出建議。

前言

　　《社會工作師法》於1997年通過後，於隔年頒布第一版社會工作倫理守則，將臺灣的社會工作推向一個有證照制度規範的專業地位，彰顯社工師同時擁有專業的權利及義務。

　　《社會工作師法》規定，社會工作倫理守則（以下簡稱社工倫理守則）應由社會工作師公會全國聯合會訂定，提請會員代表大會通過後，報請中央主管機關核備。中華民國社會工作師全國聯合會（以下簡稱全聯會）於2002年正式成立，2003年籌備相關事宜，2004年起進行社工倫理守則修訂，於2006年會員代表大會通過，內政部於2008年3月28日核定更新版倫理守則。2014年進行第二次檢討修訂；2018年會員大會通過；2019年內政部核備爲現行之倫理守則。

　　本章分爲三節，第一節介紹現行社工倫理守則；第二節敘述社工倫理守則修訂過程、內容與宣導等。第三節檢討新版社工倫理守則及未來修訂守則的方針。

第一節　現行社工倫理守則

中華民國97年3月28日內政部核備

中華民國107年12月15日經中華民國社會工作師公會

全國聯合會會員大會通過修訂，108年4月26日衛福部核備

　　本守則依據會工作師法第十七條制訂，由社會工作師公會全國聯合會訂定，作爲實務指引及處理倫理申訴陳情之基礎。

第一章　總則

　　本著社會工作追求社會公平正義的思潮，本守則提出以維護社會相對弱勢者的基本人權，讓每個人都能獲有人性尊嚴的生活條件，讓

所有不同文化的族群，都能同等受到尊重，做為現階段我國社會工作的最高使命。而為達成實踐人權、人性尊嚴和族群平等的使命，要重視社會工作專業工作者和專業組織的相關倫理責任的釐清，並積極重視實務研究、設計、發展等價值實踐相關的制度的建構，進而導引推演形成各面向專業行動的倫理標準。

一、使命

社會工作以人的尊嚴與價值為核心，使服務對象都能獲人性尊嚴的生活條件，讓所有不同文化的族群，都能同等受到尊重。

二、適用對象

社會工作倫理守則適用對象為社會工作師。

三、核心價值

努力促使服務對象免於貧窮、恐懼、不安、壓迫及不正義對待，維護服務對象基本生存保障，享有尊嚴的生活。

四、社會工作倫理原則

4.1　促進服務對象的最佳福祉。

4.2　實踐弱勢優先及服務對象最佳利益。

4.3　尊重服務對象的個別性及價值。

4.4　理解文化脈絡及人際關係是改變的重要動力。

4.5　誠信正直的專業品格及態度。

4.6　充實自我專業知識和能力。

五、倫理衝突的處理原則

社會工作師面對倫理衝突時，應以保護生命為最優先考量原則，並在維護人性尊嚴、社會公平與社會正義的基礎上作為。

5.1　所採取之方法有助於服務對象利益之爭取。

5.2　有多種達成目標的方法時，應選擇服務對象的最佳權益、最少損害的方法。

5.3　保護服務對象的方法所造成的損害，不得與欲達成目的不相符合。

5.4 尊重服務對象自我決定的權利。

六、社會工作師執業，應遵守法令、社會工作師公會章程及本守
則。

第二章　守則

一、社會工作師對服務對象的倫理守則

1.1 社會工作師應基於社會公平、正義，以促進服務對象福祉為
服務之優先考量。

1.2 社會工作師應尊重並促進服務對象的自我決定權，除為防止
不法侵權事件、維護公眾利益、增進社會福祉外，不可限制
服務對象自我決定權。服務對象為未成年人、身心障礙者，
若無法完整表達意思時，應尊重服務對象監護人、法定代理
人、委託人之意思；除非前開人員之決定侵害服務對象或第
三人之合法利益，否則均不宜以社會工作者一己之意思取代
有權決定者之決定。

1.3 社會工作師服務時，應明確告知服務對象有關服務目標、限
制、風險、費用權益措施等相關事宜，協助服務對象作理性
的分析，以利服務對象作最佳的選擇。

1.4 社會工作師應與服務對象維持正常專業關係，不得與服務對
象有不當雙重或多重關係而獲取不當利益。

1.5 社會工作師基於倫理衝突或利益迴避，須終止服務服務對象
時，應事先明確告知服務對象，並為適當必要之轉介服務。

1.6 社會工作師應保守業務秘密；服務對象縱已死亡，仍須重視
其隱私權利。服務對象或第三人聲請查閱個案社會工作紀
錄，應符合社會工作倫理及政府法規；否則社會工作者得拒
絕資訊之公開。但有下列特殊情況時保密須受到限制：

　a. 隱私權為服務對象所有，服務對象有權親自或透過監護人
　　或法律代表而決定放棄時。

　b. 涉及有緊急的危險性，基於保護服務對象本人或其他第三

者合法權益時。

    c. 社會工作師負有警告責任時。

    d. 社會工作師負有法律規定相關報告責任時。

    e. 服務對象有致命危險的傳染疾病時。

    f. 評估服務對象有自殺危險時。

    g. 服務對象涉及刑案時。

1.7 社會工作師收取服務費用時，應事先告知服務對象收費標準，所收費用應合理適當並符合相關法律規定，並不得收受不當的餽贈。

1.8 未經服務對象同意不得於公開或社群網站上公開其他足以直接或間接方式識別服務對象之資料。

1.9 運用社群網站 或網路溝通工具與服務對象互動時，應避免傷害服務對象之法定權益。

二、對同仁的倫理守則

2.1 社會工作師應尊重同仁，彼此支持、相互激勵，與社會工作及其他專業人員合作，共同增進服務對象的福祉。

2.2 社會工作師不宜或無法提供服務對象適切服務時，應透過專業或跨專業分工，尋求資源整合或為適當之專業轉介；在完成轉介前，應採取適當之措施，以保護服務對象權益；轉介時應充分告知服務對象未來轉介服務方向，並將個案服務資料適當告知未來服務機構，以利轉銜服務。

2.3 當同仁與服務對象因信任或服務爭議，應尊重同仁之專業知識及服務對象合法權益，以維護服務對象權益與同仁合理之專業信任。

2.4 社會工作師為維護社會工作倫理，協助保障同仁合法權益，面對不公平或不合倫理規範之要求，當事人或代理人應向服務機構或各地區社會工作師公會、中華民國社會工作師公會全國聯合會、社會工作主管機關申訴，以保障合法權益，落

實社會工作專業倫理。

三、對實務工作的倫理守則

3.1 社會工作師應致力社會福利政策的推展，增進福利服務效能，依法公平進行福利給付與福利資源分配。

3.2 社會工作師應具備社會工作專業技能，不斷充實自我；擔任教育、督導時，應盡力提供專業指導，公平、客觀評量事件；接受教育、督導時應理性、自省，接納批評與建議。

3.3 社會工作師的服務紀錄應依法令相關規範，適時、正確及客觀的記載並妥善保存，以確保服務對象之權益及隱私。

3.4 社會工作師在轉介服務對象或接受服務對象轉介，應審慎評估轉介後可能的利益與風險，並忠實提供服務對象轉介諮詢服務。

3.5 社會工作師應恪遵法律規範，忠實有效呈現工作成果，協助社會工作教育與人力發展；爭取社會工作師公平合理的工作環境。

3.6 社會工作師應在社會工作倫理規範下，參與權益爭取活動，並忠實評估其對服務對象、社會大眾所衍生可能之利益與風險。

四、對社會工作師專業的倫理責任

4.1 社會工作師應包容多元文化、尊重多元社會現象，防止因種族、宗教、性別、性傾向、國籍、年齡、婚姻狀態及身心障礙、宗教信仰、政治理念等歧視，所造成社會不平等現象。

4.2 社會工作師應注意自我言行對服務對象、服務機構、社會大眾所生影響。

4.3 社會工作師應提升社會工作專業形象，及服務品質，重視社會工作價值，落實倫理守則，充實社會工作知識與技術。

4.4 社會工作師應致力社會工作專業的傳承，促進社會福利公正合理的實踐。

4.5 社會工作師應增進社會工作專業知能的發展，進行研究及著作發表，遵守社會工作研究倫理。

4.6 社會工作師應推動社會工作專業制度建立，發展社會工作的各項措施與活動。

五、對社會大眾的倫理守則

5.1 社會工作師應促進社會福利的發展，倡導人類基本需求的滿足，促使社會正義的實現。

5.2 社會工作師應致力於社會公益的倡導與實踐。

5.3 社會工作師應維護弱勢族群之權益，協助受壓迫、受剝削、受欺凌者獲得社會安全保障。

5.4 社會工作師與媒體互動或接受採訪時，若涉及服務對象，應徵得知情同意並保護其隱私。

5.5 社會工作師應促使政府機關、民間團體、及社會大眾履行社會公益，並落實服務對象合法權益保障。

5.6 社會工作師面對災害所致社會安全緊急事件，應提供專業服務，以保障弱勢族群免於生命、身體、自由、財產的危險與意外風險。

第三章　附則

一、社會工作師違反法令、社會工作師公會章程或本倫理守則者，除法令另有處罰規定者外，由違反倫理行為所在地或所屬之社會工作師公會審議、處置。

二、本守則經中華民國社會工作師公會全國聯合會會員代表大會通過後施行，並呈報衛生福利部備查，修改時亦同。

資料來源：中華民國社會工作師公會全國聯合會
https://nusw.org.tw/%E7%A4%BE%E6%9C%83%E5%B7%A5%E4%BD%9C%E5%80%AB%E7%90%86/

社會工作研究倫理守則

此守則爲國科會「人類行爲研究倫理協調推動計畫（NSC-HRPP）」與臺灣社會工作人員專業協會合作，由鄭麗珍理事長擔任社會工作倫理規範小組召集人，研擬之成果，並經社工師公會會員代表大會同意列入社工師遵守。守則中主要分爲研究倫理基本精神及研究倫理實踐準則兩部分：

1. **研究倫理基本精神**：①尊重人權尊嚴與平等；②提升社會福祉，促進社會正義；③維持專業能力；④謹守學術誠信。

2. **研究倫理實踐準則**：

（1）自願參與，告知後同意與保密：

　　a. 研究之前，取得參與者自願簽下的知情同意書，注意其福祉、隱私及尊嚴。

　　b. 若爲兒童或因故無法提供知情同意書，應對其解釋說明，取得其能力範圍內的同意，並由其法定監護人／代理人自願簽下的知情同意書。

　　c. 研究計畫及訪談內容應事先通過研究對象所屬之機構、團體審查同意。

　　d. 知情同意書應以研究參與者可以理解的語言文字溝通，內容應包含研究的本質、範圍、時間、風險及利益，與申訴管道。

　　e. 參與者有「拒絕參與研究」和「隨時退出研究」的權利。

　　f. 告知參與者有關保密的限制、方法步驟及研究資料未來將銷毀的時間。

　　g. 在呈現研究結果時應刪除任何可辨識研究參與者之資訊，以保護其隱私。

　　h. 資料之使用僅限學術目的，不可挪作他用。

（2）傷害最小化：

　　a. 以參與者的利益福祉爲先，應積極保護其不受身體上及精神上的傷害、不適、危險，以及不合日常生活之干擾或未被告知隱私侵犯。

　　b. 應說明參與研究可能帶來的風險和好處，並採取所有可能的措施將傷害降至最小，協助參與者取得合適的服務之管道，以消除不良的影響。

（3）避免欺騙：

　　a. 除非已無其他替代性的研究方法，且預測不會造成傷害，並證明利大於弊。

　　b. 若研究設計牽涉須隱瞞、欺騙須經過嚴格且具公信力單位的檢視。

　　c. 研究執行牽涉刻意隱瞞時，應於事後告知並取得同意，才可進行發表。

（4）避免雙重關係及利益衝突：

　　a. 應詳查研究設計、契約、資料、財務管理、研究角色等，避免利益衝突。

　　b. 若涉雙重關係或利益衝突，應向研究參與者清楚說明並採適當行動解決。

　　c. 應主動告知具公信力之客觀申訴管道，尊重研究參與者表達意見之權利。

第二節　社會工作倫理守則的訂定、修訂歷程

一、社會工作倫理守則初定

　　1998 年內政部委請社工學者專家擬定並頒布了十八條的社工倫理守則，每條條文之後並有說明該守則之意義，正式規範社會工作應遵守的倫理。該守則精簡扼要，與其說是社工師的行為指引，更可說是倫理原則的宣示倡議。

　　守則第一條闡明社工師服務案主必須之基本態度；第二～五條闡明社

工師的基本信念；第六條闡明社工師應信守之專業關係；第七～十條闡明社工師對待同仁與其他專業人員的基本態度；第十一～十三條闡明社工師對機構的信約；第十四～十八條闡明社工師對專業與社會的責任（表6-1）。

▲表 6-1　第一版社會工作倫理守則及其釋義（1998 年）

第一版社工倫理守則	說　　明
秉持愛心、耐心及專業知能為案主服務。	指服務案主必須之基本態度（愛心、耐心）與基礎方法（專業知識、技能）。 案主為社會工作學理上對「服務對象」的通稱，係指一目標系統，其範圍可以是個人、家庭、團體、組織、社區或社會體系及其周遭相關之人。
不分性別、年齡、宗教、種族等，本著平等精神服務案主。	要保持中立，不歧視，無偏見，一視同仁地提供服務。 為避免文字冗長及列舉之可能缺漏，爰於列舉基本項目後，再用「等」字，涵括其他未列舉而可能發生之歧視、偏見，如貧富、政治立場等。
應尊重案主的隱私權，對在專業關係中獲得的資料，克盡保密責任。	對案主的資料、案情要保密並尊重案主個人的隱私。 「專業關係」是為完成社會工作目標，基於公益、客觀、自我了解而建立；用以區別日常生活中的人際關係。「專業關係」是社會工作過程中有必要建立的社會工作者與案主的良好關係，其形成的基礎在：是為社會工作所計畫改變之目標體系而建立，不得以社會工作者自身的利益為前提，必須基於社會工作者的客觀與自我了解，跳脫個人問題與情緒需求。
應尊重並培養案主自我決定的能力，以維護案主權利。	要尊重每一個人的尊嚴、價值與選擇。 社會工作者相信每一個人均有自主權，應使每一個人有最大的機會去決定其生活方向。
應以案主之最佳利益為優先考量。	應以協助案主達到最佳福利狀態為目標。 社會工作者相信天生我才必有用，每一個人均有動機與權利去追求更滿意的生活。
絕不與案主產生非專業的關係，不圖謀私人利益或以私事請託。	社會工作者應信守專業關係的分際，絕不與案主發展專業關係之外的人際關係、絕不利用專業關係圖謀私人利益、絕不為私人情事有所索求於案主。

應以尊重、禮貌、誠懇的態度對待同仁。	社會工作者應以敬重、禮貌、公正與信心對待同仁。
應信任同仁的合作，維護同仁的權益。	指合作的價值觀。社會工作者應與同仁為促進專業而合作，並彼此信任對方，有所作為應考慮對方之利益、特性與名譽。
應在必要時協助同仁服務其案主。	指代理制度的建立。社會工作者在必要時應協助同仁照顧其案主。
應以誠懇態度與其他專業人員溝通協調，共同致力於服務工作。	指和睦相處、協調溝通。社會工作者為案主的需要，應隨時與其他專業人員協調聯繫，共同合作，並一如同仁般對待。
應信守服務機構的規則，履行機構賦予的權責。	社會工作者應遵守服務機構的規定，並謹慎從事，達成服務機構的目標。 社會工作者服務處所具多樣性包括機關（構）、團體、事務所等，惟為精簡文字，以「機構」一詞泛指對特定人提供服務之處所。
應公私分明，不以私人言行代表機構。	社會工作者在公共場合，應能確實分辨何者是自已、何者是代表服務機構的言論與行動。
應致力於機構政策、服務程序及服務效能的改善。	社會工作者應致力於服務機構的政策與服務過程的改進，以及促進所能提供服務的效率及功效。
應嚴格約束自己及同仁之行為，以維護專業形象。	社會工作者應維持專業的信實，對於其他專業人員的不道德行為，必須採取適當的行動予以抑制。
應持續充實專業知能，以提昇服務品質。	社會工作者應在專業實務上負起認定、發展與充分運用的責任；依據專業知識與技術，從事專業服務，並不斷充實自已，以確保並提高專業服務品質。
應積極發揮專業功能，致力提升社會工作專業地位。	社會工作者應維持專業的誠信，精鍊技能，發揮專業功能，保護並進而加強專業的尊嚴，對專業的討論和批評應參與並負起責任。
應將專業的服務擴大普及於社會大眾，造福社會。	社會工作者應將專業服務普及於一般社會大眾，促進專業的充實、擴展及有效運用於實際措施中。
應以負責態度，維護社會正義，改善社會環境，增進整體社會福利。	社會工作者應增進社會的一般福利，致力於歧視的防止與消除，確保人人可公平的獲得所需資源、服務和機會，倡導社會狀況的改進。

二、2008 年社會工作倫理守則

　　社工師公會全聯會爲《社會工作師法》法定的全國性的專業組織，依法及專業道德，皆有責任階段性的根據任務來協助專業倫理的制定、仲裁、宣導與推廣；一方面協助社會工作專業奠定良好的專業價值根基，二方面在專業的自律下保障受服務者的權益，以維持專業的責信。

　　由於第一版的社工倫理守則過於簡單，難有清楚明確的標準可落實於工作中，有礙社會福利之推行。尤其隨著社會民主的變遷，質疑專業的權威是否適時、適切的捍衛案主的利益？當碰到倫理兩難或多重困境時，倫理守則是否發揮適切的功效？能否匡正社會工作者的言行，發揮專業價值意涵？社工倫理守則是否足以讓社工人與受服務的群體及相關系統建立清楚的專業界線？因此全聯會積極展開研修倫理守則之工作。

　　2008 年社工倫理守則的修訂約歷時近三年，主要由全聯會江季璇常務理事及秦燕理事長主責，並參照各界意見經過多次修訂與調整後完成，其過程主要分爲三大階段：

1. 2005 年 6 月～ 7 月：擬定社工倫理修訂的研究執行方案，組成工作小組。
2. 2005 年 8 月～ 9 月：邀請學界、實務界（包含公私部門、不同領域之學者）及專業團體（社工師公會、社工專業人員協會、社工教育學會、醫務社工協會）等代表，擔任焦點團體委員，並於事前將各項資料以電子郵件寄傳各委員參考。
3. 2005 年 10 月～ 12 月：全國各地舉辦 9 場焦點團體會議，每次會議盡量安排各領域代表出席，並於 12 月 18 日在輔仁大學舉辦公聽會。

　　在經過三階段的努力，與整合焦點團體編碼成果、公聽會意見，並由全聯會秦理事長、臺北市公會江理事長以及林瓊嘉律師等人修審後，再交由全聯會的理監事審閱，2006 年 2 月 8 日正式提出社會工作倫理守則草案。此後，全聯會也召開理監事會議，針對倫理守則草案作討論修訂，再

提出倫理守則草案完整版，並數度經內政部協商、理監事會討論，與兩次社工師公會全聯會會員大會修訂通過後，提請內政部核定。最終於2008年社工師修法完成後，同年3月28日由內政部核定新版社會工作倫理守則施行。

　　2008年社會工作倫理守則，全文共分三大章，第一章將社會工作倫理守則之名詞加以定義，並列出社工倫理原則。第二章闡述社會工作者對於案主、同僚、實務工作、社會工作專業、社會大眾，與身為專業人員的倫理守則與責任；第三章則說明違反社工倫理守則之懲處，詳見表6-2。

▲表 6-2　社會工作倫理守則（2008 年 3 月 28 日內政部同意核備）

第一章　總則	
一. 定義	• 社會工作以人的尊嚴與價值為核心，促進全民福祉，協助個人、團體、社區發展，謀求社會福利的專業工作。 • 案主是指接受社會工作服務的個人、家庭、團體或社區。
二. 適用對象	社會工作師，社會工作師之服務機構及負有督導、考核、監督、協助社會工作職權者。
三. 核心價值	以人性尊嚴為核心價值，努力促使案主免於貧窮、恐懼、不安，維護案主基本生存保障，享有尊嚴的生活。
四. 社會工作倫理原則：尊重、關懷、正義、堅毅、廉潔、守法、專業	• 應尊重生命，力行平等、誠實、信用原則。 • 應接納案主的個別差異和多元文化。 • 在社會公平的基礎上，支持關懷案主表達需求、增強案主能力，努力實現自我。 • 基於社會公平與社會正義，尋求案主最佳利益的維護。 • 應以堅毅的精神、理性客觀的態度幫助案主，協助同僚。 • 應誠實、負責、自信、廉潔、守法自許，並不斷充實自我，提升專業知識和能力。

五.社會工作師面對倫理衝突時,應以保護生命為最優先考量原則	在社會公平與社會正義的基礎上,其作為: • 所採取之方法有助於服務對象利益之爭取。 • 有多種達成目標的方法時,應選擇個案的最佳權益、最少損害的方法。 • 保護案主的方法所造成的損害,不得與欲達成目的不相符合。 • 尊重案主自我的決定。
六.社會工作師執業,應遵守法令、社會工作師公會章程及本守則	
第二章　社會工作倫理守則	
一.社會工作師對案主的倫理守則	1.1 應基於社會公平、社會正義,以促進案主福祉為服務之優先考量。 1.2 應尊重並促進案主的自我決定權,除為防止不法侵權事件、維護公眾利益、增進社會福祉外,不可限制案主自我決定權。案主為未成年人或身心障礙者,或無法完整表達意思時,應尊重案主監護人、法定代理人、委託人之意思;除非前開有權代理人之決定侵害案主或第三人之合法利益,否則均不宜以社會工作者一己之意思取代有權決定者之決定。 1.3 服務時,應明確告知案主有關服務目標、風險、費用權益措施等相關事宜,協助案主作理性的分析,以利案主作最佳的選擇。 1.4 應與案主維持正常專業關係,不得與案主有不當關係或獲取不當利益。 1.5 基於倫理衝突或利益迴避,須終止服務案主時,應事先明確告知案主,並為適當必要之轉介服務。 1.6 應保守業務秘密;案主縱已死亡,社工師仍須重視其隱私權利。案主或第三人聲請查閱個案社會工作紀錄,應符合社會工作倫理及政府法規;否則社會工作者得拒絕資訊之公開。但有下列特殊情況時保密須受到限制: 　(1) 隱私權為案主所有,案主有權親自或透過監護人或法律代表而決定放棄時。 　(2) 涉及有緊急的危險性,基於保護案主本人或其他第三者合法權益時。 　(3) 社會工作師負有警告責任時。 　(4) 社會工作師負有法律規定相關報告責任時。 　(5) 案主有致命危險的傳染疾病時。 　(6) 評估案主有自殺危險時。 　(7) 案主涉及刑案。 1.7 收取服務費用時,應事先告知案主收費標準,所收費用應合理適當並符合相關法律規定,並不得收受不當的餽贈。

二 . 社會工作師對同僚的 倫理守則	2.1	應尊重同僚，彼此支持、相互激勵，與社會工作及其他專業同僚合作，共同增進案主的福祉。
	2.2	不宜或無法提供案主良好服務時，應透過專業分工，尋求資源整合或為適當之專業轉介；在完成轉介前，應採取適當之措施，以保護案主權益；轉介時應充分告知案主未來轉介服務方向，並將個案服務資料適當告知未來服務機構，以利轉銜服務。
	2.3	當同僚與案主因信任或服務爭議，應尊重同僚之專業知識及案主合法權益，公正客觀釐清問題，以理性專業的思維、客觀的分析，維護案主權益與同僚合理之專業信任。
	2.4	為維護社會工作倫理，應協助保障同僚合法權益，面對不公平或不合倫理規範之要求，當事人或代理人應向服務機構或各地區社會工作師公會、中華民國社會工作師公會全國聯合會、社會工作主管機關申訴，以保障社會工作師合法權益，落實社會工作師專業倫理。
三 . 社會工作師對實務工 作的倫理守則	3.1	應致力社會福利政策的推展，增進福利服務效能，依法公平進行福利給付與福利資源分配。
	3.2	應具備社會工作專業技能，不斷充實自我；擔任教育、督導時，應盡力提供專業指導，公平、客觀評量事件；接受教育、督導時應理性、自省，接納批評與建議。
	3.3	社會工作的服務紀錄應依法令及相關規範正確、客觀的記載；服務紀錄應適當妥善保存，保護案主隱私權益及後續服務輸送。
	3.4	在轉介個案或接受個案轉介，應審慎評估轉介後可能的利益與風險，並忠實提供案主轉介諮詢服務。
	3.5	應恪遵法律規範，忠實有效呈現工作成果，協助社會工作延續教育與人力發展；爭取社會工作師公平合理的工作環境。
	3.6	應在社會工作倫理規範下，理性、客觀、公正處理，參與權益爭取活動，並忠實評估其對案主、社會大眾所衍生可能利益與風險。

四.社會工作師作為專業人員的倫理責任	4.1	應不斷進修努力，提升社會工作專業知能，以服務案主及推展社會福利服務。
	4.2	應包容多元文化、尊重多元社會現象，防止因種族、宗教、性別、國籍、年齡、婚姻狀態及身心障礙、宗教信仰、政治理念等歧視，所造成社會不平等現象。
	4.3	嚴禁參與違法之活動，並注意自我言行對案主、服務機構、社會大眾所生影響。
	4.4	應加入社會工作師公會，共同推動社會工作專業發展。
五.社會工作師對社會工作專業的倫理守則	5.1	應致力提升社會工作專業形象，及服務品質，重視社會工作價值，落實倫理守則，充實社會工作知識與技術。
	5.2	應致力社會工作專業的傳承，忠實評估社會工作政策、方案的執行，促進社會福利公正合理的實踐。
	5.3	應致力於社會工作專業知能的發展，尊重智慧財產權，樂於分享研究成果予同僚、學生及社會大眾。
	5.4	應致力於促進社會工作專業制度建立，發展社會工作的各項措施與活動。
六.社會工作師對社會大眾的倫理守則	6.1	應促進社會福利的發展，倡導人類基本需求的滿足，促使社會正義的實現。
	6.2	應致力於社會公益的倡導與實踐。
	6.3	面對因災害所致社會安全緊急事件，應提供專業服務，以保障弱勢族群免於生命、身體、自由、財產的危險與意外風險。
	6.4	應努力實踐社會的公平正義，提供弱勢族群合法的保障，協助受壓迫、欺凌者獲得社會安全保障。
	6.5	應促使政府機關、民間團體、及社會大眾履行社會公益，及落實案主合法權益保障。

第三章　附則

一.社會工作師違反法令、社會工作師公會章程或本守則者，除法令另有處罰規定者外，由所屬之社會工作師公會審議、處置。

二.本守則經中華民國社會工作師公會全國聯合會會員代表大會通過後施行，並呈報內政部備查，修改時亦同。

資料來源：中華民國社會工作師公會全國聯合會（2008）．社會工作倫理守則．取自 http://www.nusw.org.tw/modules/tadnews/page.php?nsn=287

三、2019 年社會工作倫理守則

　　2008 年版倫理守則實施八年後，社工師公會全聯會於2015年再啓倫理守則修訂之檢討，經由成立修訂工作小組，蒐集相關資訊，召開專家會議，各區焦點團體，實務研討會，進行線上問卷調查，彙整各方意見成「社會工作倫理守則修訂草案」，再經社工師公會全聯會理事會，倫理委員會，及2018年12月會員代表大會修訂通過，2019年4月衛福部核備實施。

第三節　社會工作倫理守則的訓練、宣導與前瞻

　　社工倫理守則修訂之後，更重要的是宣導。讓社工師、社會工作者、社會福利機關構以及社會大眾認知認同社工倫理守則，同時也由各方面來檢視守則的合宜性及未來修訂之參考。

　　因此社會工作師公會於網站公布社工倫理守則，方便民眾自行查閱；印製於公會年度行事曆、社會工作小手冊中發放，並與社工專業團體（如社會工作教育學會、各大學系所等）共同舉辦倫理研習會。研習會中除了針對新版社工倫理守則的制定過程及內容做說明，也由學者或實務工作者，就實務工作者倫理議題與兩難抉擇，及社工管理者的倫理兩難議題等作專題報告及專家與談，並進行分組座談。由此深入的剖析與對談中，可看到實務工作者及管理者確實面對許多工作上的倫理難題，例如：誰來決定案主最佳利益？案主利益與機構團隊間的利益選擇？行政倫理或專業倫理的選擇？人身安全與倫理、不同專業間的競合、社會工作倡導的難題、行政管理的難題——維護機構的使命與訓練新人之間心力交瘁等。

　　倫理研習會之目的不在於很快找出倫理難題的明確解答，而在於提醒社工人對倫理的了解和重視。透過自省、思辨、討論與分享的過程，可以

建立專業的共識和合宜的處理機制和模式。每個社工機構應有督導及倫理審議的機制、公會有申訴委員會,更期待很快有一個具公信力、公權力的社工倫理委員會能積極推動倫理教育、相關宣導活動,及辦理倫理爭議審議的案件。如此才能真正保障案主利益、提升社工師服務效能。

　　自2008年起配合社工日系列宣導活動,全聯會與各區地方公會、大學院校社工系所及社會福利機構團體,每年於全國舉辦至少四場社會工作倫理議題研習會議;2011年並增加四場社工倫理個案研討。2012年透過倫理委員王永慈教授申請國科會計畫,邀請到美國社會工作者協會主導守則修訂的倫理大師雷默(Frederic G. Reamer)來臺,辦理了北、中、南三區倫理研討會,除了增加社工人的國際視野,帶動對社工倫理的關注和熱誠,也提醒主管機關及社福界對倫理風險管理的警覺,加強學界在社工倫理教育與實務接軌的努力。

　　每年社工日(4月2日)前後,除表揚績優社會工作師並辦理區域性倫理研討會,邀請相關專業一同參與,一方面對民眾宣導,一方面加強實務工作者及社工學生對倫理的認識和運用。

　　在2011年的倫理個案研討會中也徵求倫理案例的投稿,並邀請倫理委員擔任回應人,由倫理委員會主任委員擔任主編(即筆者),於2012年5月出版《社會工作倫理案例彙編》,廣發給各地公會及大學院校社工系及圖書館等,供各界參考。繼續在2014年、2015年及2017年陸續經徵稿、審稿,每篇經入選案例並安排一位實務、一位學術之專家進行回應,出版四輯《社會工作倫理案例彙編》。

　　社工倫理守則因專業的建立而產生,隨著社會變遷及專業的發展而不時需要修訂,修訂時不只要考量國情文化、實務狀況,也要留意世界趨勢。

相關法規

• 《社會工作師法》（2009 年 5 月修訂）

• 社會工作師法施行細則（2008 年 10 月修訂）

• 專門職業及技術人員高等考試社會工作師考試規則（2013 年 11 月修訂）

• 社會工作師接受繼續教育及執業職照更新辦法（2014 年 10 月修訂）

• 專科社會工作分科甄審及接受繼續教育辦法（2020 年 1 月修訂）

• 社會工作倫理原則的聲明（IFSW）：

http://ifsw.org/policies/statement-of-ethical-principles/

結語

　　我國社工倫理守則是經過長時間彙集專業意見，多人努力下的成果，參考國內其他專業守則、國際社工倫理守則，並考慮當前實務情境下階段性完成。作為社工師執業的行為準則，也是所有社工人提供專業服務時的指引。每位社工師都應詳讀，且以此做為專業自律，檢視自己及同僚執業行為的最重要依據。守則的適用性、完整性亦需要被檢驗，透過專業分享、討論及專業共識的機制，不斷修訂。

情境練習

1. 倫理守則的核心價值為何？與你個人的重要價值是否相合？【參考第二節　表6-2】

2. 倫理原則有哪些？你覺得哪個原則最困難？為什麼？【參考第二節　表6-2】

3. 保密除外原則有哪些？【參考第二節　表6-2】

4. 有哪些做法可促使政府機關、民間團體及社會大眾履行公益，及落實案主合法權益保障？【參考第一節　現行社會工作倫理守則、第三節　社會工作倫理守則的訓練、宣導與前瞻】

教學參考

期中考週

　　1. 專題報告整理，評分表整理繳交。

　　2. 個人心得報告。

CHAPTER 7
相關助人專業倫理守則

學習目標

1. 認識國內其他的專業倫理守則。

2. 比較助人專業倫理守則的異同。

3. 深入了解至少一種我國助人專業倫理守則的內容。

4. 了解倫理守則對於專業發展的必要性和重要性。

前言

　　倫理是專業發展的必要條件，我國發展較成熟的專業均已訂定倫理規範或倫理守則，作為專業人員執業時自律與保障服務對象權益的準則。本章以國內專業人員，如律師、醫師、護理師、教師及相鄰專業的臨床心理師及諮商心理師為例，介紹其倫理守則，並做一簡要的比較（文中以「※」標識者為該倫理守則的重點和特色所在）。

第一節　律師

　　律師倫理規範是國內訂定最早的專業倫理規範，於1983年由中華民國律師公會全國聯合會首定，2009年第6次更新，但很可惜在中華民國律師公會全國聯合會網站中，未能明顯列出律師倫理規範。前言以外，全文共分為七章50條。

> **律師倫理規範**
>
> 前言
> 有保障人權、實現社會正義及促進民主法治的使命。
> 第一章　總則（第1～11條）
> 律師應為之的10條總則（主要原則），如執行業務應遵守法律、維護職業尊嚴與榮譽、重視自由與獨立、謹言慎行、誠信公平、理性及良知等。第11條為不應拘泥訴訟勝敗而忽略事實發現。
> 第二章　紀律（第12～19條）
> 列舉律師不得之作為。如不得以違反公共秩序、善良風俗之方法受理業務；不得向司法人員或仲裁人員關說案件等。
> 第三章　律師與司法機關（第20～25條）

律師與司法機關共負法治責任，明列與司法人員之關係與行為。如律師對於依法指定其辯護之案件不得拒絕；不得惡意詆毀司法人員或司法機關；對於司法人員貪汙有據者應予舉發等。

第四章 律師與委任人（第26～37條）

最重要的一章，明定律師應依據法令及正當程序維護當事人權益。其中第30條明列九項律師不得受任之事件，如與現在受任事件利害相衝突之事件等。

第五章 律師與事件之相對人及第三人（第38～41條）

規範律師與事件之相對人及第三人間的責任。如就受任事件設置檔案，並保存至關係結束後2年等。

第六章 律師相互間（第42～48條）

律師間應彼此尊重，顧及同業之正當利益。

第七章 附則（第49～50條）

違反規範由公會審議之處置。

資料來源：全國律師聯合會
http://www.twba.org.tw/bylaw_detial.asp?N_id=663

第二節 醫師

醫師倫理規範於1999年首次訂定。2013年中華民國醫師公會全國聯合會第五次修訂，並於其網站首頁明顯列出醫療倫理（包含醫師倫理規範、醫界倫理紀律宣言、生命倫理與醫療對策、醫學倫理手冊等四大部分）。前言以外，全文共分為六章29條。

醫師倫理規範

前言

以照顧病人之生命與健康爲使命。

第一章　總則（第1～6條）

醫師需遵守的最基本倫理規範。如醫師執業應守法、謹言愼行、考慮病人利益、尊重病人自主權等。

第二章　醫師與病人（第7～11條）

關懷、提供資訊、以病人福祉爲中心、尊重病人隱私等。

第三章　醫師與醫療機構及醫事人員（第12條～13條）

強調醫師專業自主權，及在醫療團隊中應遵守的規範。如認同其他醫事人員的技術與貢獻、有效溝通、不吝指導等。

第四章　醫師相互間（第14條～20條）

醫師間應彼此尊重，顧及同業之正當利益，並勇於舉發不法情事。

第五章　紀律（第21條～27條）

列舉醫師不得之作爲。如不將醫師證書提供他人使用、不得向病人或家屬索取或收受不當利益等。

第六章　附則（第28條～29條）

應避免參與廣告代言。若基於社會公益或促進醫學進步之目的，爲產品代言和廣告仍有應遵守的原則。

資料來源：中華民國醫師公會全國聯合會
https://www.tma.tw/ethical/index.asp

醫學倫理紀律宣言

（中華民國醫師公會全國聯合會，無日期）

一、遵循醫師倫理規範，誓言從事以倫理爲基礎的專業診療。

二、建立以病人爲中心的醫療服務體系，提高醫療品質，深耕及加強良好醫療關係。

三、發揚良醫良相的固有美德，摒除違法亂紀行為。

四、珍惜並善用健保資源，促進醫療資源合理分配，避免醫療浪費。

五、強化醫療團隊合作精神，擴大公共參與，以爭取社會認同與信賴。

第三節　護理師

護理倫理規範2008年更新，由中華民國護理師護士公會訂定，內政部核備。在中華民國護理師護士公會全國聯合會網站首頁，護理人員相關法規第一項即列出我國護理倫理規範。全文分為六部分27條。

護理倫理規範

一、護理人員的基本責任（第1條）

服務對象的健康促進、疾病預防、重建健康和減輕痛苦。

二、護理人員與服務對象（第2～13條）

尊重生命、自主、公平應用資源、保守祕密等12條原則。

三、護理人員與專業服務（第14～17條）

提供合乎專業標準的照顧、確立自身身心安全、提升教學能力等。

四、護理人員與社會互動（第18～21條）

積極參與促進大眾健康的活動、政策建言等。

五、護理人員與工作團隊（第22～24條）

建立良好團隊合作關係；對危及專業、服務品質或服務對象的活動，都需立即採取對策等。

六、護理人員與專業成長（第25～27條）

發展護理實務、管理、研究及教育等。

資料來源：中華民國護理師護士公會全國聯合會
https://www.nurse.org.tw/publicUI/H/H10101.aspx?arg=8D533489ED45AB6058

第四節　教師

　　教師自律公約是由中華民國全國教師會於2000年訂定，2018年完成法人登記。包含前言、教師專業守則、教師自律守則三部分，但在中華民國教師會網站首頁未將自律公約放入。全文共13條2款。

社團法人中華民國全國教師自律公約

壹、前言

維護教師專業尊嚴及專業自主，重塑教師形象。

貳、教師專業守則（共7條）

以公義、良善爲基本信念，傳授學生知識，培養其健全人格、民主素養及獨立思考能力；維護學生學習權益；教學時充分準備；關心學生，並與學生及家長溝通連繫。

參、教師自律守則（共6條）

不得受不當因素及利益干擾、對學生暴力相向或有違反倫理之愛戀關係等。

資料來源：全國教師會
http://forum.nta.org.tw/v362/showthread.php?t=6445

　　除了全國教師公會的自律公約，許多大學院校在網站上有該校的教師倫理守則，較自律公約更爲詳盡，例如以下臺灣大學教師倫理守則：

臺灣大學教師倫理守則（1998年）

序

說明倫理守則規範的宗旨與理念，並要求教師謹守。

第一章　基本信念（共8條）

知識眞理、自由自律、公正客觀、誠信正直、和諧純淨、互敬合作、

敬業精進、篤實服務。

第二章　教學倫理（教學態度與責任）（共 3 條）

熱忱、充實、專業原則。

第三章　學術倫理（研究態度與責任）（共 4 條）

敬業、嚴謹、誠信、公正原則。

第四章　人際倫理（校園人際與生活）（共 4 條）

和諧、合作、純淨、身教原則。

第五章　社會倫理（與社會各界之互動）（共 2 條）

服務、自律原則。

資料來源：臺灣大學祕書室

http://host.cc.ntu.edu.tw/sec/www/ethics2.html

第五節　臨床心理師

　　「臨床心理師倫理規範」2011 年由中華民國臨床心理師公會全國聯合會第三屆第一次大會通過；2014 年與 2017 年修訂；全文共七節、32 條。

臨床心理師倫理規範

前言

第一節　能力（1～3 條）

能力範圍、緊急狀況、委任工作。

第二節　心理衡鑑（4～5 條）

工具使用、報告撰寫。

第三節　心理治療與心理諮商（6～10 條）

專業關係、轉介措施、中止治療、結束治療、公開資料。

第四節　委託服務（11～12 條）

建立諮詢關係、公開意願。

第五節　保密原則（13～18條）

衡鑑資料、工具的機密性、治療資料、資料編碼、保密責任、保密之例外。

第六節　研究（19～22條）

研究的知後同意、免用知後同意、錄影錄音的知後同意、參與研究。

第七節　公開聲明、廣告（23～28條）

公開評論、付費廣告、招攬業務、非醫療廣告、醫療廣告、廣告方式。

附則（29～32條）

熟悉規範、採取合作、不正當訴訟、衛福部備查。

資料來源：中華民國臨床心理師公會全國聯合會
http://www.atcp.org.tw/modules/news/article.php?storyid=52

第六節　諮商心理師

　　2012年1月通過並公告於中華民國諮商心理師公會全國聯合會網站的「諮商心理師專業倫理守則」，簡化為19條，且不分章節。

諮商心理師專業倫理守則

第一條：訂定目的。

第二～四條：規範諮商師應有的行為。

第五條：設立專業倫理委員會之說明。

第六～十四條：說明諮商師與當事人間的責任與關係，如不歧視、預警、保密等。

第十五～十九條：說明傳播、與其他助人專業之關係、報告、研究、教學等。

資料來源：台灣輔導與諮商學會
http://www.guidance.org.tw/ethic_001.html

第七節　相關助人專業倫理守則的比較

由以上的專業倫理守則，可看到有其共通性，也有差異性。作者以各專業分別的大項作簡表來比較其異同（表7-1）。

▲表 7-1　助人專業倫理守則比較表

章節 專項名稱 ＼ 名稱	律師倫理規範	醫師倫理規範	護理倫理規範	全國教師自律公約	臨床心理師倫理準則與行為規範	諮商心理師專業倫理守則	社會工作倫理守則
前言	✓	✓	—	✓	✓	—	—
總則	✓	✓	—	—	—	✓	✓
基本準則	—	—	✓	✓	—	✓	✓
與服務對象之關係	✓	✓	✓	—	✓	✓	✓
與主管或執業機構之關係	✓	✓	—	—	—	—	—
與相關人員之關係	✓	—	—	—	—	✓	—
與相同專業人員之關係	✓	✓	—	—	—	—	✓
與工作團隊之關係	—	✓	✓	—	—	✓	✓
與專業服務	—	—	✓	—	—	—	✓
與社會互動	—	—	✓	✓	—	—	✓
各類專業行為之規範	—	—	—	—	✓	✓	—
紀律	✓	✓	—	✓	—	—	—
專業成長	—	—	✓	—	—	✓	—
研究與出版	—	—	—	—	✓	✓	—
附則	✓	✓	—	—	—	—	✓

共通性

1. 專業團體經過一定程序訂定，多為有法定地位的公會全國聯合會組織，有些尚有向主管機關公文往返核備，並於專業團體及主管機關的網站公布。
2. 不定期檢討修訂。
3. 或有簡繁，但都重視明列專業人員與服務對象相關單位及人員之關係。

相異性

- 服務對象依不同專業有特定稱呼，如律師－委任人、醫師－病人、護理師－服務對象、教師－學生、心理師－當事人、社工師－案主。
- 只有律師倫理規範和醫師倫理規範特別有專章列出與主管或執業機關的關係，如「與司法機關間」、「與醫療機構間」；並有專章範定與本專業人員的關係，如「律師相互間」、「醫師相互間」。
- 列出「與工作團隊」專項的是護理師、醫師「與醫事人員間」、社工師則合併於「對同僚的倫理責任」。
- 有列出「專業服務」專項的是護理師，社工師則有「對實務工作、作為專業人員及對社工專業」三項。
- 有列出「社會責任」專項的是護理師的「與社會互動」、社工師的「對社會大眾的倫理責任」。
- 臨床心理師花了極大的篇幅詳細規範「各類專業行動」，如臨床心理師倫理準則與行為規範中的「諮商能力、心理衡鑑、心理治療與諮商、心理諮詢、司法活動」及諮商專業倫理守則中的「諮商、諮詢、測驗與評量、網路諮商」。而2012年諮商心理師專業倫理守則提出後，是我國目前助人專技人員倫理守則中最簡略的，內容只列條文，沒有章節及項目。

與社工倫理守則的比較

生命倫理是醫師、護理、心理等醫事專業人員所共同信守的，醫學倫理四原則：行善、不傷害是源自效益論；自主和公正源自義務論（辛幸珍、戴正德，2000；徐震、李明政，2001；陳映幸、李明濱，2000），也是醫事人員主要遵循的倫理抉擇原則。社工倫理和醫學倫理同多異少，其哲學根據和思考原則亦無不同。但「自主」和「公平」二個原則在社工倫理中，是實務界最常討論的主題，故掌握得比較好；而醫學界使用倫理四原則及倫理哲學，解決新科技的倫理問題的經驗，也值得社工專業參考。

醫療倫理教育納入正式養成教育及探討教學方法，都較社會工作要來得早。醫學中心設立倫理委員會及倫理諮詢委員等機制，是社會工作或社會福利機構可以思考、效法的。

律師是社會正義的化身，最早成立倫理守則的專業，但專業特質是為委任的當事人爭取權益，其收取費用、與同業間的攻防以爭取訴訟的勝利，使得律師倫理在民眾的觀點中有質疑和矛盾。與社工師以社會公益下的案主權益維護及協助，且多數社工師任職於機構中，服務提供不對弱勢案主收費，又有不同。

心理師對於專業關係及作業流程十分嚴格，與社會工作重視系統，看重與案主的良好關係建立，重視人在情境中容納多元價值與意見等有所不同，相較之下，社工師似乎顯得更人性、更彈性。

結語

知識是力量、技術是發揮知識力量的具體方法，態度是實施技術的過程和感受。助人專業都有其專門知識理論、實施模式和技術，更透過專業內共識的機制，發展倫理守則，以實踐專業使命、維護專業價值、確保服務對象和專業人員的權益。故多以條文式具體規範專業人員執業的行為。

專業合作以團隊模式提供服務，是現行也是未來的主流趨勢，希望社工師在閱讀本章後能了解、認識不同專業的倫理守則，並加以尊重，以期能彼此協調合作。

情境練習

1. 你接觸過律師、醫師、護理師、教師或心理師嗎？請舉出一個你認為他／她有落實倫理守則；或違反倫理守則的行為。

2. 團隊合作服務個案時，可能會有不同專業倫理衝突的情況。以遭受親戚性侵害的國小女童為例，你認為負責此案的律師、醫師、護理師、教師、心理師及社工師的執業重點為何？是根據哪些倫理守則的規範？其共通性和可能的衝突點為何？

教學參考

課堂活動：

　　1. 分組報告：關於律師、醫師、護理師、教師、心理師等倫理守則。

　　2. 分組討論：

　　（1）各組評論報告的優缺點，並評分（包含小組自評）。

　　（2）心得感想。

學習作業：

1. 完成本週小組的討論記錄。

2. 完成並繳交評分單。

CHAPTER 8
各國社會工作倫理守則

學習目標

1. 了解其他國家社會工作倫理守則的內容。

2. 比較國際上社會工作倫理守則的共通性和差異性。

3. 了解國際上社會工作倫理守則修訂的趨勢。

4. 針對歐洲、美洲、亞洲等不同地區的社會工作倫理守則、價值原則，和對案主的責任上能加以比較分析。

前言

　　西方先進國家社會工作專業發展較久，也較成熟，多有社工專業組織訂定社會工作倫理守則，且配合社會的發展和需要，不定期的修訂。他山之石可以攻錯，尤其在現今世界地球村國際交流合作頻繁的年代，我們不應自外於「世界社工重視倫理提升的潮流」。本章以「國際社會工作者協會」（IFSW）倫理原則聲明，以及美國、英國、澳洲及臨近的新加坡、香港之社會工作倫理守則做介紹及比較。

社會工作倫理原則的聲明

　　此聲明由國際社會工作者協會和國際社會工作學院聯盟（International Association of Schools of Social Work; IASSW）於2004年10月在澳洲阿德萊德舉行的聯會上通過，其內容主要分為引言、社會工作的定義、國際公約、原則與專業操守等五個部分，並於2005年公布實施。此聲明對社工倫理詮釋的重點有二：

　　1. 兩大項原則：
　　　（1）　人權與尊嚴：①尊重自決的權利；②提倡參與的權利；③完整地看待每一個人；④判斷及增強能力。
　　　（2）　社會公義：①挑戰歧視；②認識多元性；③公平分配資源；④挑戰不公平的政策和措施；⑤團結一致營造包容的社會。

　　2. 十二項專業操守：
　　　（1）　發展及保有工作所需的技巧和職能。
　　　（2）　不用於非人道之目的。
　　　（3）　行事正直，不濫用案主的信任、保持專業界限、不圖謀個人私益。
　　　（4）　以愛心、同理心和關懷的態度對待案主。
　　　（5）　不將個人的需要或利益置於案主之前。

（6）有責任支援同僚，使其能提供適切的服務。

（7）爲案主保密。除非爲維護生命安全等更高道德要求。

（8）承認社工對案主、同僚、僱主、專業團體以及法律都負有責任。

（9）願意提供社工學生實習訓練學習新知。

（10）應推動和參與有關倫理的討論，並爲因應倫理所作的決定負責。

（11）準備解釋依據倫理考量而作的決定，並承擔抉擇行動所帶來的責任。

（12）社工應在所處環境，推動討論、評估及維護本倫理原則聲明。

第一節　美國

　　1920 年芮奇孟（Mary Richmend）首先提出實驗性的守則；1960 年美國社會工作者協會訂立第一版正式的社會工作倫理守則。

　　1996 年雷默主導修訂爲現行的倫理守則，主要分成四大部分：前言；目的；倫理原則；倫理標準。其中，倫理標準又細分爲六條。於2008、2017 年有小幅修訂，是現有各國中最詳細的社工倫理守則之一。

美國社會工作倫理守則
（Code of Ethics of the National Association of Social Workers）

一、前言

　　社會工作的重要使命是促進人類福祉、滿足基本人性需求，關切的重點是弱勢族群、受壓迫者與窮人。社工師要能了解案主的需求，協助增強其能力，促進社會正義和社會變遷。

二、目的

　　1. 確認核心價值。

　　2. 建立社會實務指導的倫理標準。

　　3. 有爭議時作為思考依據。

　　4. 讓社會大眾認識社工倫理。

　　5. 使社會工作者了解倫理並內化。

　　6. 作為評估社會工作者不當行為的專業標準。

三、核心價值與倫理原則

　　1. 服務：協助有需要的人們，及處理社會問題。

　　2. 社會正義：挑戰社會不公正的現象。

　　3. 人的尊嚴與價值：維護個人的尊嚴。

　　4. 人際關係：增強人際關係。

　　5. 正直誠實：可信賴的行為。

　　6. 能力：提升專業能力。

四、倫理標準（共51項，155款）

　　1. 社會工作者對案主的倫理責任（17項56款）。

　　2. 社會工作者對同僚的倫理責任（10項26款）。

　　3. 社會工作者在實務機構的責任（10項30款）。

　　4. 社會工作者作為專業人員的倫理責任（8項15款）。

　　5. 社會工作者對社會工作專業的倫理責任（2項21款）。

　　6. 社會工作者對廣大社會的倫理責任（4項7款）。

資料來源：NASW (1996). Code of Ethics. Retrieved from http://www.socialworkers.org/pubs/code/default.asp

倫理守則說明

　　美國社會工作倫理守則對案主的倫理責任說明最為仔細，包括以下十七項：對案主的承諾、自我決定、知後同意、能力、文化多元、利益衝突、隱私守密；完成記錄、性關係、肢體接觸、性騷擾、貶損語言、服務收費、促使案主有能力做決定、中斷服務、轉介服務、終止服務等均詳列。尤其重視隱私守密的原則，例如：第1.07條第一項說明，在訴訟過程

中，爲了保護案主隱私，若未經同意或洩密會傷害案主，社會工作者可要求法庭撤回或限制命令，不使記錄暴露在公開調查中。全文中與隱私守密相關的原則多達23 條：

1. 社會工作者應尊重案主的隱私權。除非在提供服務或進行評估研究時有必要之外，社會工作者不可探詢案主的私人資訊。只要案主提供私人資訊，就必須爲其保密。

2. 社會工作者只有在案主確實同意或法定代理人授權之下才能公開案主私人資訊。

3. 社會工作者應對專業服務過程中所獲得的私人訊息加以保密，只有在案主或可確認的第三者受到可預見的嚴重且緊急的傷害之時保密受到限制，社會工作者仍只應披露最少的必要的直接有關的保密訊息。

4. 社會工作者應在可能的範圍內預先告知案主公開隱私可能產生的後果，不論是依法公開或是案主同意公開的情形都適用。

5. 社會工作者應與案主和其他利益相關者討論隱私保密的性質。社會工作者應與案主討論在那些情況下可能會被要求訊息公開或依法審查。這種討論應該盡快在社會工作者與案主建立專業關係後及早進行，且在整個過程中必要時都應討論。

6. 當社會工作者對家庭，夫妻，或團體提供服務，應與每個成員達成保密協議，每個人對其他人所分享的資訊有保密義務，並應告知參與者不能保證所有的參與者都必定能恪守協議。

7. 社會工作者應告知案主以及參與家庭，夫妻，婚姻，或團體服務的成員，有關社會工作者，雇主和機構的有關公開機密的政策。

8. 社會工作者除非獲得案主授權，不得洩露機密訊息給付費的第三者。

9. 除非可以確保隱私安全，社會工作者不得在公開或半公開的地方（如走廊、候車室、電梯、餐廳）討論機密訊息。

10. 在訴訟程序中，社會工作者應在法律允許的範圍內保護案主的隱私。若未經案主同意或洩密會造成案主的傷害，即使法庭要求或其他法定代理人的命令，社會工作者仍應要求該法院撤回命令，或限制命令範

　　圍，並要求保持記錄密封不提供查閱。

11. 面對媒體請求時，社會工作者應保護案主的隱私權。

12. 社會工作者應保護案主的書面資料、電子記錄和其他敏感訊息的私密性。社會工作者應採取合理的步驟，確保案主的記錄儲存在安全的地方，不得提供給任何未被授權者參閱。

13. 社會工作者應採取合理步驟保護電子通信的機密性，包括提供給客戶或第三方的訊息。社會工作者在使用電子通訊（例如：電子郵件、線上發文、線上聊天對話、移動通訊和簡訊）時，應使用適當的防護措施（如：加密、防火牆和密碼）。

14. 社會工作者應制定和發布政策和程序，及時通知案主任何違反保密規定的行為。

15. 社會工作者應按照適用的法律和專業標準，通知未經授權瀏覽案主的紀錄或資訊，以及社工社交網絡和資訊儲存系統的案主。

16. 社會工作者應根據現行社會工作道德標準，制定政策並告知案主有關使用電子技術（包括基於網際網路的搜尋引擎）來收集案主資料的政策與規定。

17. 社會工作者應避免以電子方式搜索或收集案主訊息，除非有令人信服的專業原因，並在適當情況下，徵得案主的知情同意。

18. 社會工作者應採取預防措施，以確保和維護信息傳輸的保密性，避免在運用電腦、電子信箱、傳真、電話、答錄機，以及其他電子科技時洩漏案主機密。

19. 社會工作者在轉案及結案時應依法及社工專業規定處理案主記錄，保護案主隱私。

20. 社會工作者應採取合理的預防措施，於社會工作者結束服務、停業或死亡時得以保護案主的隱私。

21. 社會工作者於教學或培訓時，未經案主同意不得公開討論案主隱私。

22. 社會工作者在與督導諮詢時，除有案主同意或迫切必要性，不得透露案主的真實身分。

23. 即使案主去世，社會工作者仍應保護案主的隱私。

此外，2008 年針對案主、同僚、做爲專業人員及對社會大眾有關尊重多元文化，避免歧視的項目做修正、增加。說明應避免對於種族、民族、國籍、膚色、性別、性傾向、性別認同或表達、年齡、婚姻狀態、政治信仰、宗教、移民身分、精神或身體殘疾等有所歧視。

第二節　英國

英國的倫理守則由英國社會工作者協會（The British Association of Social Workers; BASW）訂定，2002 年的版本主要分爲四部分：

1. 範圍和宗旨。
2. 社會工作的定義。
3. 價值和原則：有 5 項價值（人的尊嚴和價值、社會正義、對人的服務、正直、能力），共 42 款原則。
4. 倫理實踐：分成四類（對案主的責任、對專業的責任、在工作場所的責任、特殊角色的責任），共 13 項 63 款，將管理、教育訓練、監督評估、獨立開業、研究等角色特別明列倫理實踐的標準。

最新版本爲2012 年由 BASW 修訂，說明如下。

英國社會工作倫理守則（BASW Code of Ethics）

一、範圍和目標

倫理守則陳述社工專業價值和倫理原則。社工專業協會有責任確保成員履行倫理責任和執行專業權利，保障和促進案主權益。案

主包括使用社工專業服務的個人、家庭、團體或社區。

二、背景

1.1　社會工作的倫理。

1.2　社會工作的國際定義。

三、價值和倫理原則（共3價值，15原則）

2.1　人權。

維護和促進人的尊嚴和福祉。

尊重自決權。

促進參與權。

將每個人視為一個整體。

確定和發展優勢。

2.2　社會正義。

挑戰歧視。

承認多樣性。

分配資源。

挑戰不公正的政策和作法。

團結一致。

2.3　專業誠信。

維護職業的價值和聲譽。

值得信賴。

保持專業界線。

考慮專業判斷。

專業責信。

四、倫理實踐的原則（共17原則）

1.　發展專業關係。

2.　評估及處理危機。

3.　提供知情同意的案主服務。

4.　提供訊息。

5. 　適當分享資訊。

6. 　依循人權原則來行使專業權威。

7. 　增能人群。

8. 　挑戰剝削人權者。

9. 　危險預警。

10. 　維持保密隱私。

11. 　清楚正確的服務記錄。

12. 　致力客觀、自我省察的專業實踐。

13. 　運用督導及同儕支持來改善服務。

14. 　爲自己的行爲及專業繼續發展負責。

15. 　致力不斷改善專業的實踐。

16. 　協助他人（學生、同僚）的專業發展。

17. 　促進社會工作的評估和研究。

五、附錄

關鍵名詞的操作定義。

資料來源：BASW (2012). Code of Ethics. Retrieved from http://www.basw.co.uk/codeofethics/

倫理守則說明

英國的倫理守則於1975年初訂，經過數次修訂至2002年版已頗爲詳盡，共列舉5項價值42款原則，4類倫理實踐及多種角色的實踐標準。其中，獨立開業部分的說明如下：

1. 在能力範圍內提供服務，在案主有其他專業需求時，提供適當推薦。

2. 無法繼續服務時，應提供案主臨時或代替之服務。

3. 依倫理規範維護、記錄。

4. 尊重受雇社工師的獨立執業。

5. 由保險給付是合宜的。

6. 在提供服務前建議不同的服務和收費,服務後只收取契約訂定時數和服務費用。

為了回應國際社會工作者協會及國際社會工作學院聯盟共同擬定的國際社會工作倫理原則聲明(將於下章敘述),乃有 2012 年版的修訂。

第三節　澳洲

澳洲的倫理守則由澳洲社會工作者協會(Australian Association of Social Workers; AASW)訂定,1999 年修訂之版本分為六部分:

1. 前言:說明社會工作之目的內容為。

2. 倫理守則的性質和目的(5 條)。

3. 價值和原則:5 條價值(人類尊嚴和價值、社會正義、對人的服務、誠實、正直),共 29 項原則。

4. 倫理實務:分為 6 條(一般的倫理責任、對案主的責任、對同事的責任、在工作場所的責任、特別事項責任、對專業的責任),共 19 項 123 款。

5. 倫理決策的指導方針:說明倫理決策、利益衝突(非自願性案主、多位案主、保密、工作場所等)、良心的拒絕服務三部分。

6. 名詞解釋。

2010 年新版修訂,更新篇幅頗大,更為詳盡,說明如下:

澳洲社會工作倫理守則（AASW Code of Ethics）

一、社會工作的內容

　　1. 定義。

　　2. 承諾和目標。

　　3. 實踐。

　　4. 澳洲社會工作者協會。

二、倫理守則的內涵

　　1. 本質。

　　2. 目的。

三、社會工作的價值（共3價值）

　　1. 尊重人。

　　2. 社會正義。

　　3. 專業誠信。

四、倫理實踐與抉擇

　　當面臨倫理價值衝突時，社會工作者有責任決定優先順序。社會工作者應遵守法律和組織規定，若認為與道德責任相違，更要尋求有能力的專業人員指導，包括 AASW 倫理諮詢服務。

　　抉擇的原則：

　　1. 盡可能掌握全面相關訊息。

　　2. 確認衝突的倫理責任或倫理價值。

　　3. 確認抉擇的範圍和每一決定背後支持的理論、守則、法令、原則、機構政策和社工實務運作。

　　4. 開放、負責、透明、協作和包容。

　　5. 確認每個決定對受影響各方的利害得失。

　　6. 多元文化考量。

　　7. 督導和諮詢的協助檢視。

　　8. 記錄決策過程。

五、倫理實務的責任（共6條21項197款）

　　1. 一般的倫理責任（7項65款）。

　　2. 對案主的責任（6項43款）。

　　3. 對同事的責任（11項）。

　　4. 在工作場所的責任（2項21款）。

　　5. 特別事項的責任（4項52款）。

　　6. 對專業的責任（5項）。

六、名詞解釋

　　參考書目

　　附錄

　　（人權文件、倫理申訴管理流程圖、相關倫理研究）

　　致謝

資料來源：AASW (2010). Code of Ethics. Retrieved from http://www.aasw.asn.au/document/item/740

倫理守則說明

　　1999年版第五部分提出倫理決策的指導方針，可說是該國倫理守則的特色，說明如下：

5.1 倫理決策：倫理守則是指導社會工作者在遇到倫理議題問題與難題時，做出符合倫理的決策，但不試圖指出在特別情境下做出特定決定。倫理決策是一個關鍵反映、評價和判斷執行的過程。面對倫理難題，使社會工作者必須在數個不同的方案中做選擇，每個都應有倫理考量的支持，但都可能帶來一些不理想的後果。決策的原則，包括：

　　• 蒐集須做決策之問題相關和充分的資料。

　　• 採取合理的步驟，以確保合乎倫理方式的實踐和決策。

- 對事件和相關決策行使的注意義務。
- 遵守和執行自然正義的原則（程序公平）。
- 在適當的保密要求下採開放的決策過程。
- 在決策過程運作的各個階段都須符合責信。

　　在作倫理決策時，建議諮詢同事、督導和其他專業人士，尤其是社會工作者經驗和專業能力不足時，更需要協商。社會工作者經常被要求證明自己的的決定，並能夠清楚地說明決定的依據。

5.1.2 利益衝突：當利害衝突是可預見的或已發生時，社會工作者必須辨認利害衝突所在，以及與它相關的人，並採取適當的行為。

（1）與非自願案主之利益衝突：建議與其他專業一起諮詢，社會工作者要盡可能開放的面對這類案主，尋求案主最好的結果及利益。應符合機構和社會的宗旨，但仍以案主的利益為最優先考量。

（2）與多位案主之利益衝突：社會工作者要能澄清各方利益，並以社會工作者代表的機構來判斷誰是主要案主。例如：醫院社會工作者以病人為主要案主；兒童保護機構以兒童為主要案主；老人照顧團隊以老人為主要案主等。且要考慮到法律規定及倫理，將衝突減到最少。

（3）與保密之衝突：在保護性業務中，法定通報和訊息揭露可能會造成案主的傷害，造成社工的倫理衝突。社會工作者有倫理義務分享適當的資訊，合法的洩密可促成保護任務和政策的達成。

（4）與工作場所之衝突：遵守倫理守則有時與機構的職務要求有不一致的狀況，在考慮長官命令、案主的利益，契約協定和保有工作位置需求是非常難平衡的。在這些情況，社會工作者應尋求同事或督導支持，努力與雇主澄清社會工作者的權利和企圖協商解決之道，與保護案主最大的利益的重要性。若職場嚴重不合倫理的情形持續存在，可以尋求社工協會或其他團體的支持。避免因挑

戰雇主而招致組織懲處或法律後果。

5.1.3 良心的拒絕服務：AASW 尊重社工，拒絕接受因爲違反其根深蒂固的個人、道德、靈性文化價值的工作任務，然而拒絕的根基必須與專業的目標、價值、原則一致，同時應認清社會工作者的角色和職責。良心的拒絕服務不可做爲逃避某些問題或困難案主的藉口；不可規避省察個人的價值觀使有定型或偏見；不履行工作期望或歧視案主。

第四節　新加坡

新加坡社會工作者協會（Singapore Association of Social Workers; SASW）於 1999 年訂定「社會工作者職業道德守則」，2004 年與 2020 年修訂。

新加坡社會工作者協會職業道德守則
（Singapore Association of Social Workers Code of Professional Ethics）

明定於社會工作任務、六個核心價值，和五個面向的倫理責任。
一、對案主的倫理責任（共 7 項）*
　　1. 避免歧視。
　　2. 案主自決
　　3. 知情同意。
　　4. 持續服務。
　　5. 與案主維持專業界線。
　　6. 隱私保密。
　　7. 妥適記錄。
二、對同僚的倫理責任

　　　人際關係的重要。

　　　尊重。

　　　服務提供。

　　　專業界線避免多重關係。

三、對實務機構的倫理責任

　　　在組織內部工作。

　　　提供專業的服務。

四、身為專業人員與對社工專業的倫理責任

　　　承認對專業倫理的實踐。

　　　保有專業能力並不斷提升。

　　　教育、訓練與督導後進。

　　　專業的承擔。

　　　評估與研究

五、對社會的倫理責任

　　　倡導。

　　　對國家危機的回應。

資料來源：SASW(2004). Code of Professional Ethics Preamble/Guiding Principles.
Retrieved from http://www.sasw.org.sg/site/constitution/code-of-professional-
ethics-preamble-guiding-principles.html

第五節　香港

　　「香港註冊社會工作者工作守則」是由香港社會工作者註冊局（Social
Workers Registration Board）1998 年首定，2010 年修訂，分為：前言；基
本價值觀與信念（7 條）；原則及實務，共五條53 項。

香港註冊社會工作者工作守則（Code of Practice for RSWs）

前言

爲註冊社會工作者的專業操守提供實務指引，制定此守則之目的是爲保障服務對象及社會人士，加強社會人士對社工專業的信任和信心。

第一部分　基本價值觀及信念（共7條）

1. 助人。

2. 尊重。

3. 自我實現。

4. 人權與公益。

5. 公民福祉。

6. 個人和社會進步。

7. 人際關係。

第二部分　原則及實務（共5條）

1. 與服務對象有關（共18項）

   (1) 職責（第1項）

   (2) 文化意涵（第2～3項）

   (3) 知情決定及自覺（第4～6項）

   (4) 使用資料及保密原則（第7～12項）

   (5) 利益衝突（第13項）

   (6) 性關係（第14～15項）

   (7) 持續提供服務（第16項）

   (8) 收費措施（第17～18項）

2. 與同工有關（共14項）

   (1) 尊重（第19項）

   (2) 跨界別協作（第20～23項）

   (3) 督導及培訓（第24～26項）

(4) 諮詢（第27～29項）

(5) 服務對象的選擇（第30項）

(6) 共事同工間的溝通（第31項）

(7) 性關係（第32項）

3. 與機構有關（第33～36項）

4. 與專業有關（共12項）

(1) 專業責任（第37～39項）

(2) 職效能力（第40～42項）

(3) 尊重（第43項）

(5) 獨立進行社工實務（第45項）

(6) 專業發展（第46～47項）

(7) 奉召當值（第48項）

5. 與社會有關（第49～53項）

資料來源：香港社會工作者註冊局（2010，1月15日），註冊社會工作者工作守則，取自 http://www.swrb.org.hk/chiasp/draft_cop_c.asp

倫理守則說明

此工作守則同時有一份對照的「實務指引」（於2010年最新修訂），針對工作守則的內容列出具體條文說明。例如：第一條第一項職責，於工作守則內說明是「社會工作者首要的責任」是向服務對象負責；實務指引就列出5款相關的說明。

此外，尚有「社會工作督導指引」，包含6個部分：引言；機構的準則；督導的資歷；因應年資最低督導標準；在人力不足時的其他選擇；實施的計畫及展望。香港對於社工倫理的相關規範與釋義非常詳細，顯示其對於倫理之重視。

第六節　各國社會工作倫理守則的比較

　　以上各國與臺灣現行的社工倫理守則做一比較，可看到有其共通性，也有差異性。作者以各國社工倫理守則的章節及專項名稱整理說明，如表8-1。

▲表 8-1　各國社會工作倫理守則比較表

名　　稱		美國社會工作倫理守則	英國社會工作倫理守則	澳洲社會工作倫理守則	新加坡社會工作者協會職業道德守則	香港註冊社會工作者工作守則	臺灣社會工作倫理守則
首定年		1960	1975	1999	1999	1998	1998
更新年		2017	2014	2010	2004	2013	2019
章節專項名稱	前言	✓	—	✓	✓	✓	✓
	目的／任務	✓	範圍和目標	✓	✓	—	✓
	社會工作的定義	—	✓	✓	—	—	✓
	價值原則	6 原則	3 價值15 原則	3 價值	6 價值	7 價值觀	核心價值6 原則
	倫理（實踐）標準	6 條51 項155 款	17 原則	6 條21 項197 款	5 條20 項	5 條53 項	6 條30 項
	1. 一般的倫理責任	—	—	7 項65 款	—	—	—
	2. 對案主的責任	17 項56 款	—	6 項43 款	7 項	與服務對象有關8 項18 款	9 項
	3. 對同僚	10 項26 款	—	11 項	4 項	與同工有關7 項14 款	4 項

4. 在實務機構	10 項 30 款	—	在工作場所 2 項 21 款	2 項	與機構有關 4 項	對實務工作 6 項
5. 作為專業人員	8 項 15 款	—	—	✓	與專業有關	✓
6. 對社會工作專業	2 項 21 款	—	5 項	5 項	7 項 12 款	6 項
7. 對社會大眾	4 項 7 款	—	—	2 項	5 項	6 項
8. 對特別事項	—	—	4 項 52 款	—	—	—
倫理決策與指導方針	✓	—	倫理實踐與抉擇	—	實務指引	—

共通性

1. 各國守則均由社會工作專業團體訂定，在專業團體及主管機關的網站公布。香港註冊局則為官方單位，亦是邀集學者專家審慎訂定。
2. 守則均有前言、價值原則、倫理標準三大部分。
3. 各國均重視的價值是：人的尊嚴、社會正義、誠實正直和專業能力。價值部分各國標示約 5 ～ 7 項原則。
4. 倫理標準是占據最大篇幅的內容，而各國都以最多的條例敘述對案主的責任。
5. 不定期檢討修訂。各國的倫理守則有簡繁差異，但有愈明確詳實的趨勢。

相異性

　　倫理標準各國分成 4 ～ 6 類來說明。對案主的責任是每一國都最重視的部分，也有最多的條例敘述，以美國 16 項 56 條最多，其中又以隱私保

密項目最多著墨。倫理標準第二大類被重視的主題是關於實務機構，其他的分類如對同僚、對專業、對社會大眾等。澳洲2010年版倫理守則修訂更為詳細，有6條21項197款，總條文已超過美國，成為倫理守則中條文最多的國家。且列出一般的倫理責任、特別事項的倫理責任，並有倫理決策和指導方針專類。

與我國社工倫理的比較

基本上，澳洲與英國的架構類似，臺灣與美國的架構相仿，但臺灣的社工倫理相較其他國家來略為簡單。

結語

近年各國倫理守則修訂不少，可見倫理議題逐漸受到重視，社工倫理可能因社會的變動也需要做更新。原本在社工倫理有愈修訂愈詳細的趨勢，但英國最新修訂版反倒化繁為簡，捨棄繁瑣列舉的倫理標準條文，只強調價值、倫理原則與倫理實踐原則。國際社會工作者協會所訂的社會工作倫理原則與聲明，對各國修訂各自的社工倫理守則亦有重要的影響。

情境練習

1. 最早訂定社工倫理守則的國家？最新修訂的國家？
   【參考第六節　表8-1】
2. 就你所了解的各國社工倫理守則的訂定情形，分析有關隱私守密的內容。

教學參考

課堂活動：

1. 分組報告：關於美國、英國、澳洲、新加坡、香港等國倫理守則。

2. 分組討論：

（1）各組評論報告的優缺點，並評分（包含小組自評）。

（2）心得感想。

學習作業：

1. 完成本週小組的討論記錄。

2. 完成並繳交評分單。

第三篇
倫理難題的抉擇程序與社會工作專科領域的實踐

　　社會工作專業助人的歷程中，難免有價值和目標衝突的倫理難題，社工師要能警覺、慎思、明辨、妥適做抉擇，免得有意無意間違反專業倫理，損及案主權益，傷了社工專業信譽。

　　本篇介紹社工倫理難題的定義、分類、抉擇原則及抉擇過程，並以直接服務社工師專科領域（醫務、身心障礙、老人、兒童少年家庭等）分別敘述其倫理難題，再以專章說明間接服務的倫理難題。每章並舉出多個實例做詳細討論，可提供讀者省思、參考。

CHAPTER 9
倫理難題的處理與抉擇過程

學習目標

1. 認識倫理難題的定義和分類。

2. 認識倫理難題抉擇的原則。

3. 說出羅文柏格（Loewenberg）與多羅夫（Dolgoff）倫理順序七原則。

4. 雷默（Reamer）社工倫理抉擇六原則的了解和運用。

5. 熟悉雷默社工倫理抉擇過程的七步驟與案例分析。

前言

　　社會工作服務不是在生產線輸送帶上工作，只要確定完成標準步驟就會有好的成品。社會工作是對人的專業服務，人有思想、感受，牽涉到個人價值，因此社工師不是有勇無謀、奮力打拚就行，專業社工師要有倫理思維，能重視價值、提升價值、實踐價值。倫理思維不在評判案主合不合倫理、同事合不合倫理，或雇主合不合倫理，而是在反省社工師有沒有該做的沒做？不該做的反倒有心無心的去做了？本章將討論社工師於專業服務中面臨倫理難題時，可做為倫理思維準則之模式。

第一節　倫理難題

　　社工師在多元複雜的情境從事助人服務，往往存在對立或是兩種以上的價值或目標，而倫理規範的優先序位就會因此變化，需要社工師審慎省思辨明，才能做出妥善決定，此情境統稱「倫理難題」。

一、倫理難題的分類

　　學者們對於倫理難題有不同的分類，可供我們做為分析思考的參考。

(一) 國外

Banks（2006）認為，社會工作的倫理挑戰有四大類：
1. 個人權利與福利
服務使用者得以自主自決的權利，社會工作師有責任為案主尋求福利。
2. 公眾福利
群體之權利與利益，社工師對雇主與社會的責任。

3. 平等差異與結構性壓迫

在尊重多元性的狀況下力求公平，社會工作師對抗壓迫與順應社會及政策變化之責任，處理宗教文化差異與衝突。

4. 專業角色、界線與關係

社工師在專業服務所扮演之角色，與私人、專業、政治間的界線（童依迪，2019）。

根據羅文伯格（Lowenberg）與多羅夫（Dologoff）的分類，倫理難題不外乎有以下 11 種（Lowenberg, & Dologoff, 1996）：

1. 專業知識與案主權益的衝突。

2. 職責和期望的衝突。

3. 徵求同意的困境。

4. 意義含糊和不確定。

5. 保密和隱私權的高漲。

6. 有限資源的分配。

7. 案主興趣和工作者興趣的衝突。

8. 不作價值論斷。

9. 專業關係的限制。

10. 有效處遇方法的選擇。

11. 同僚關係的衝突。

雷默則將倫理難題分為直接服務與間接服務二類，其中直接服務的衝突包括（包承恩、王永慈，2011/2006）：

1. 保密及隱私權的衝突。

2. 自我決定與專業父權主義的衝突。

3. 對不同對象忠誠的衝突。

4. 專業界限與利益衝突。

5. 專業與個人價值的衝突。

（二）國內

胡中宜（2005）認爲倫理難題分成以下四類：

1. 價值的倫理難題：社工師個人價值、專業價值，與社會價值之間的衝突。

2. 義務的倫理難題：社工師所受法定職責與義務規範的衝突。

3. 德性的倫理難題：由品質、完善、德性的觀點來看，什麼才是最好的服務？是案主最佳利益還是社會公平正義？都會因個人不同觀點而存在不同意見。

4. 結構的倫理難題：社工師所處環境結構的差異，如組織結構、社會結構、專業結構間的衝突問題等。當面對不同的忠誠對象、不同結構的期待，亦有倫理兩難。

胡慧嫈則提到社會專業信託制度中的倫理難題有（曾華源、胡慧嫈、李仰慈、郭世豐，2012）：

1. 取得受託權力的研判與處遇難題。

2. 受託履行基本義務的研判與處遇難題。

3. 受託應負義務履行的研判與處遇難題。

4. 終止信託關係的研判與處遇難題。

不論在西方或我國，實務上常見的基本倫理難題，最多的是「保密」、「案主自決」、「同僚與專業合作」與「案主需求與組織科層或政策法令衝突」等議題（秦燕，2012）。如何解決這些困境？有何抉擇原則與步驟呢？將於下一節加以討論。

第二節 倫理難題之抉擇原則

認識了倫理難題，在執行社會工作時才有所警覺。然而，面對倫理難題的情境，如何判斷處置？除了倫理守則之外，學者提供抉擇的原則，本節介紹社會工作最普遍運用的三種。

一、羅文伯格與多羅夫的倫理順序七原則

羅文伯格與多羅夫（Loewenberg & Dolgoff, 2000）提出倫理順序七原則，其認為若運用倫理守則無法提供特定的規則來解決當前的倫理情境時，就要回到原則思考。

原則一 保護生命原則（Principle of the Protection of Life）

這是最高也最重要的原則，社會工作的核心價值就在尊重生命、維護人性尊嚴，因此首先要維護案主基本生存的保障。

- **運用的情境**：當災難發生時，先救命、再療傷；資源不足時，不必先徵得同意就可破門而入；當危及他人生命危險時，可以暫不顧全案主保密隱私的倫理。

原則二 差別平等原則（Principle of Equality and Inequality）

公平與不公平的原則，是在同等權力時給予相同的對待，而不同權力的人應有不同的對待；也就是對於弱勢的人要給予更多的協助和權益才稱為公平。社會工作的助人以弱勢族群為主，愈是弱勢愈要給予更多的扶助，這是差別平等原則。

- **運用的情境**：在面臨沉船時讓老弱婦孺先上救生艇，車輛座位設有博愛座，身心障礙者有雇用百分比的保障，有身心障礙的奧運會，健康保險長期照顧或老年給付原住民以55歲，一般民眾以65歲為標準（因為原

住民平均壽命較短）等。

原則三　自由自主原則（Principle of Autonomy and Freedom）

尊重案主的意願、選擇和決定。讓案主有獨立、自主的自由，但要注意知情同意，也就是要提供詳細資料、幫助案主清楚了解後所做的選擇和決定。但自由自主原則不可危及自己或別人的生命安全、不可造成他人的傷害或妨礙他人的自由。

- **運用的情境**：進行手術要請醫師先說明，確認案主決定要接受才可施行，並請案主簽同意書；災後安置前要先說明並詢問案主的意願，是要到組合屋、永久屋或搬去與親友同住等，要尊重案主的選擇決定。

原則四　最小傷害原則（Principle of Last Harm）

當所有的選擇都不是有利案主的，要在可行的處遇內選擇對案主傷害最小的。

- **運用的情境**：父母離婚是不可挽回的事實，未成年子女的監護權歸屬？與父或母同住？如何安排會面探視？要慎選對孩子和當事人身心、生活、成長最少傷害的安排。

原則五　生活品質原則（Principle of Quality of Life）

協助服務對象適應及改善環境，是社工師重要的工作。然而，不只保障案主存活，讓案主享有一定的生活品質，活的健康、舒適是重要的原則。

- **運用的情境**：即使物資缺乏，災後重建社區仍要顧及生活品質，老人、身心障礙安養，不是只有吃飽、穿暖，要能提升居住生活的品質以及心理層面、社會關係的滿足。又如慢性疾病的治療不在延續生命，更要注意生命的品質。即便末期病人也要提升其臨終生命品質，而非只插滿維生所需的管路待在加護病房，不時急救。

原則六　隱私守密原則（Principle of Privacy and Confidentiality）

贏得案主信任、維持良好的專業關係，要保守案主的祕密、維護案家隱私的空間和時間。但隱私守密有除外情況，當與前述原則有衝突時要加以判斷（尤其是生命原則），同時亦不可做爲迴避督導的藉口。

• **運用的情境**：如會談室的安靜、隔音，紀錄的妥善保存，不在公共場合討論案情，未經同意不將案主個人資料洩漏給他人等，都是謹守此原則。

原則七　真誠原則（Principle of Truthfulness and Full Disclosure）

誠實是重要的品德，也是社工助人的倫理原則。願意眞實誠懇的面對案主、樂意協助、不欺騙、不做假，往往也是良好的示範，可讓案主眞誠面對問題、積極處理。但當眞誠原則與其他原則衝突時，它的優先性可能會被取代。

• **運用的情境**：如就讀幼稚園的女孩問社工師，離婚的父親爲什麼要哥哥卻不要她？是不是不愛她？此時直接回應眞相可能造成孩子更大的傷害。應清楚的介紹自己的角色、背景，誠摯表達協助的意願，回答案主其父母間有無法解決的問題，已經確定離婚的決定，但是會協助做最好的安排與照顧方式。

以上七個原則若個別遵守依循沒有疑問，然而當原則之間彼此有倫理衝突時，就可依照七個倫理原則的順序定奪：前項的原則優先於後項的原則。通常運用在單一案主的倫理衝突發生時。

> **情境案例**
>
> 　　一名獨居老人因傷病住院治療，現已可出院。社工師在進行出院準備時，是要依老人的意願返家休養？或是要依榮民服務處輔導員的建議入住榮家呢？
>
> **討論：**
>
> 　　若是評估老人返家後無人照顧，有病發生命危險，那麼因為原則一（生命原則）的順序優先於原則三（自由自主原則），老人目前宜入住榮家。若老人身體狀況尚稱穩定，鄰居又可關心協助、並有送餐服務，此時原則三（自由自主原則）的順序優先於原則五（生活品質原則），故應尊重老人的自我決定，讓其返家。

二、雷默的社會工作倫理抉擇六原則

　　雷默（Reamer）在 1999 年於《社會工作價值與倫理》一書中指出以下倫理抉擇的六原則：

原則一　生存權大於附加善

- 原文：Rules against basic harm to an individuals survival take precedence over rules against harms such as lying or revealing confidential information or threats to additive goods.

　　認為保護個人生存的必要條件如健康、食物、保護、心理平衡優先於其他價值，如防止說謊、失信帶給案主的傷害，也優先於提高生活享樂，也就是說對於一個人免於傷害的基本保障，優於保密原則。當有衝突時對於甲提供必要基本需要，優先於對乙的次級需要。

- **運用的情境**：如社工師可以不告訴施暴者受虐太太與子女的行蹤。因為保障受暴者的生命安全與免除重大健康威脅的基本需求，比施暴者想要

擁有親人相聚與天倫之樂要優先。

原則二 個人基本幸福權優先於他人的自決權

- 原文：An individual's right to basic well-being takes prece-dence over another individual's right to self determination.

個人的幸福追求是他應享的權益，別人的決定不論善意與否，都不能妨礙個人對於基本幸福的追求。當有倫理衝突時，社工師對甲的基本幸福維持要優先於對乙的自由自主尊重。

- **運用的情境**：成年子女追求愛情及婚姻的幸福要嫁給自己喜歡的人，要優先於父母自認是為子女好而決定的婚配。

原則三 個人自由權優先於自己的幸福權

- 原文：An individual's right to self determination takes prece-dence over his or her right to basic well-being.

個人對於自己的福利，有自由選擇的權利，即使不利於現在或未來的幸福，都要尊重他的決定，而個人自由選擇之後果，也要自行承擔。

- **運用的情境**：婦人決定留在外遇不斷，又對她冷言嘲諷的丈夫身邊，甚至工作養活好吃懶做的先生，社工師即使心裡反對，覺得有損案主的幸福權，仍要尊重婦人的自我決定。

原則四 個人在自由意願下遵守法規大於違反法規的權利

- 原文：The obligation obey laws, rules and regulations to which one has voluntarily and freely consented ordinarily one's right to engage voluntarily and freely in a manner that conflicts with these.

個人有遵守法律的義務，不可違反；案主在自由意識下簽定的合約也不可違反。

- **運用的情境**：簽定了工作合約，不能因另有高薪工作就違約離職，這是不合倫理原則的。

原則五　衝突時個人基本幸福權大於遵守法律及機構的規定

- 原文：Individual's right to well-being may override laws, regulations and arrangements of voluntary associations in cases of conflict.

遵從法律、規定和規則是應該的，但不是絕對的，如果案主的基本幸福或社工師生命安全受到威脅，法規就不是優先被遵守的。

- **運用的情境**：當緊急載受傷的案主至醫院，社工師闖紅燈是可被接受的；當社工師受到威脅，暗中錄音、錄影存證是可被原諒的。

原則六　公共利益大於維護個人私益

- 原文：The obligation to prevent basic harms and to promote public goods such as housing, education and public assistance overrides the right to complete control over one's property.

為了防止基本傷害及促成公共善，例如：房舍、教育、公共救助等，要優先於保護個人財產。為了維護更多人的幸福需求滿足，或預防重大傷害，徵稅、徵收房地是合理的。但一定要有合法、合理的補償救濟措施，且要注重執行的態度和程序。

- **運用的情境**：臺北大安森林公園規劃建設，原違建戶拆遷等。

以上六個原則可以看出社會工作倫理抉擇時，生存權、基本幸福權是最優先保障的，公共大眾的利益優先於個人附加利益，個人的自主權則優

先於自身的幸福權或附加利益。而法律規定也不可輕易違反。此六原則可以運用在不同對象間的倫理衝突時。

三、畢強樸及蔡德斯的生命倫理四原則

畢強樸（Beauchamp）及蔡德斯（Childress）於1989在《生命倫理原則》一書中闡釋以下原則，是醫學相關專業所共同信守的。

原則一　尊重自主原則（Respect for Autonomy）

尊重病人的自主權，若病人無法清楚表達意願，則尊重病人代理人的自主權。

- **運用的情境**：誠實面對病人、告知病情、保守隱私、治療前取得知後同意書等，都是尊重自主原則的實踐。

原則二　不傷害原則（Nonmaleficence - Do Not Harm）

醫事人員要有勝任的臨床知識、技術、謹慎執業，以提供適當的醫療照顧，不可為了個人或醫學的發展，對病人造成傷害。

- **運用的情境**：不可在沒有仔細檢查、診斷下，冒然進行手術或給予處方，可能造成病人的傷害。提供強效的藥物或侵入性處置時，也要評估病人的身體狀況，否則可能造成疾病以外的嚴重傷害。所以不傷害的原則是醫療行為重要的考量原則。

原則三　行善原則（Beneficence - Actively Pursue the Welfare of Others）

不以宗教、國籍、種族、政治、社經地位等因素影響對病人的責任，尊重生命提供高品質的醫療服務，以人道給予急救處置、不推辭，給予病人溫暖、親切的醫療照顧。行善原則亦有稱利益病人原則，當治療有益於

病人時給予治療，有害於病人時則不給此治療。

- **運用的情境**：所有的處置是要爲病人帶來好處，所以雖然可能因申請不到健保給付而造成醫療虧損，但是病人有治病救命的需要，仍要去做。

原則四　公平原則（Justice - Allocation of Resources, Fairness & Need）

公平的分配有限資源，尊重人權和道德法律。不論是處方用藥、病床使用、器官捐贈等醫療資源或健康政策訂定，健保制度措施的實施等都要謹守公平正義原則。

- **運用的情境**：等待器官移植的病人很多，有捐贈的器官時一定要按照配對的結果、等待的順序等，公平且有效的依據規則來實施，不可私相授受，或屈服於權威的要求。

戴正德、李明濱（2002）在《醫療兩難之倫理抉擇》一書中指出醫療決定指引以四原則爲準，當有衝突的原則時，要妥善思考，發現最重要、最應從事的醫療決定。由過去類似案件中尋求或現有方法中選擇，審慎詢問病人、代理人、其他醫師、專家，或透過倫理委員會諮詢，都是必要的。

第三節　倫理難題抉擇的模式與過程

面對倫理難題要能在時限內做出妥適的抉擇是社工師很大的挑戰。學者專家擬定具體的步驟，幫助社工師做出審慎評估與最佳抉擇，乃有多種抉擇模式的產生：

1. 喬瑟夫（Joseph）是美國 NASW 倫理守則的起草人，他於 1985 年提出處理倫理決策首先要從實務環境或機構中分析存在的難題和困境，發展

了倫理決策模式的五步驟。認為在蒐集背景資料和選擇的階段都要仔細分析贊成和反對的觀點。

2. 史坦曼（Steinman）等人於 1998 年提出倫理決策模式的七步驟，認為面對倫理難題要由認清倫理標準著手。

3. 馬蒂森（Mattison）於 2000 年提出一個分析倫理難題七層步驟的金字塔架構，認為第一步開始於社工師能了解個案資料的全貌，包含其個人與環境。

4. 瑞奇（Reisch）等人為解決社區組織工作倫理問題，發展了一個八步驟的矩陣圖，以解釋社區組織工作倫理決策模式。

5. 柯瑞（Corey）於 2001 年設定了八個步驟的模式，將案主的內在需求包含在評估的重要項目中。

6. 克利福德（Clifford）等人於 2005 年建構了一個反壓迫倫理決策架構，針對反壓迫、反歧視的實務工作，注重多元觀點、反思社會隔離的結構不等，挑戰傳統的普遍性假設。

　　讀者若有興趣可以深入了解其他相關模式再做選擇，但筆者依實務經驗推薦初學者應先學習雷默提出之「系統性倫理抉擇七個步驟的模式」，因為其清楚、具體、完整且易於操作，七個步驟說明如下。

一、雷默的倫理抉擇過程

• 步驟一：釐清倫理的議題，包括衝突的社會工作價值與職責。
• 步驟二：找出所有可能被倫理抉擇影響的個人、團體與組織。
• 步驟三：找出各種可能可採取的行動以及參與者，並評估每種行動的利弊得失。
• 步驟四：審慎的檢視贊成／反對每種行動的理由，考慮相關的議題：
　1. 倫理守則與法律原則。
　2. 倫理理論、原則與指導方針（如義務論與目的論──效益主義的觀

點，及其所衍生而來的倫理原則）。

3. 社會工作實務理論與原則。

4. 個人的價值觀（包括宗教的、文化的、種族的價值觀與政治的意識形態等），尤其要注意與自己價值觀相衝突的部分。

- 步驟五：徵詢同儕以及專家的意見（如機構工作人員、督導、行政人員、律師、倫理專家等）。

- 步驟六：做抉擇並記錄其過程。

- 步驟七：監督、評估與記錄倫理抉擇所帶來的結果。

二、雷默的倫理抉擇的應用

情境案例

案主為72歲的王老先生，患有帕金森氏病和糖尿病，太太過世多年，平日與長子一家同住，有兩個就讀國小的孫子女。長子、長媳均有工作，次子住在工作的工廠，有論及婚嫁的女友，小女兒則在外縣市的大學半工半讀。子女因分身乏術，很早就想把案主安置在安養機構，但案主非常排斥，於是在某次病發住院治療後，做出院準備時，子女就用哄騙的方式讓他直接轉到養護機構。機構社工師得知案主並非自願入住，但迫於子女的要求及機構主管指令，無法顧及案主意願，無可奈何的讓案主入住。

案主不適應養護中心，夜間睡不好，意識朦朧中要下床，不小心坐跌地上，夜班工作人員乃給予約束，反而造成案主更深的反感，白天吵著控訴夜班人員虐待，且要求返家。社工師通知家屬，但家屬表示由機構協助安撫即可，且工作忙碌無法來機構，並抱怨都是機構處理不當。機構主管對於社工師直接聯繫家屬的作法亦不滿意，認為案主又不嚴重，如此只會造成家屬的煩擾，甚至可能將案主轉至其他機構，而失去一筆收入。

　　此社工師遭遇的倫理難題，根據雷默倫理抉擇的過程討論如下：

步驟一：釐清倫理難題

1. 案主自決 vs. 子女決定的倫理難題：案主執意返家，認為子女要遺棄他，也認為養護機構的工作人員與子女勾結，因此對機構工作人員懷有敵意，不願合作，也不與其他老人互動。

　　子女則認為家中無法妥善照顧，到機構是最好的安排，就算與案主說明其仍不會同意，且到機構久了，案主自然就會接受了。案子只跟養護中心負責人交待，不願多與工作人員溝通。

2. 案主自決 vs. 案主安全；關係促進 vs. 管理效率的倫理難題：夜間要不要讓案主約束在床？約束是為了案主安全、管理效率；不約束是尊重案主自決、促進工作關係。

3. 專業判斷 vs. 順從主管要求的倫理難題：專業判斷要與案主子女誠懇溝通，經其協助取得案主的信賴合作，但主管卻指示不要煩擾家屬。

步驟二：找出可能被倫理抉擇影響到的個人、團體與組織

　　包括：案主、案子、案媳、案女、案孫、社工、負責人、工作人員、其他住民、養護機構等。

步驟三：找出可能採取的行動及參與者，與分析利弊得失

　　方案1：首先取得案主同意，否則終止養護；再者夜間不約束，以取得案主信賴及合作；最後依照專業判斷，與家屬聯繫請其出面討論案主問題的處理。

利	弊
改善案主關係，取得合作，也迫使家屬認真面對案主的問題，且若能有效解決案家問題，主管將更肯定社工師之專業能力。	若案主堅不同意留住，且因未約束而導致夜間發生危險，引起家屬控告機構，或將案主轉至其他機構。主管可能因此憤怒社工師不聽指示，予懲處或免職。

　　方案2：尊重家屬決定將案主繼續留住機構，且為了安全及有效管理，夜間繼續約束案主，並尊重職場倫理，依主管指示將重心放在改變案主，不要煩擾家屬。

利	弊
可減輕家屬的心力負荷，可專心於工作家庭，且機構有穩定一筆收入，主管也會因此滿意於員工服從權威領導。	若案主仍不合作，持續吵鬧或自傷，將造成機構工作人員及其他住民的困擾，有可能會被檢舉未經案主同意收住。若評鑑時被發現未尊重案主，導致成績差，社工師專業評估及處遇無法推展。社工師因覺有違倫理，壓力大到崩勞（burn out）。

步驟四：審慎檢視贊成反對的理由

　　考慮的方向應根據：①倫理守則；②法律原則；③倫理理論、原則與指導方針；④社會工作實務理論與原則；⑤個人的價值觀的順序。

1. **由社工倫理守則來看**：根據第二章第1.1～1.3條的內容，均指向應尊重案主自決。而且案主能完整表達意思，因此不能以家屬對案主之決定，取代案主自己的決定。又根據第一章第五條第1、2、4項；第一章第四條第3～5項；第一章第三條；以及第一章第二條的內容，都指向應尊重案主自決，且提醒機構督導應尊重社會工作倫理守則，故採**方案1**。

2. **由法律原則來看**：根據《老人福利法》第51與52條，若依法令或契約有扶養照顧義務而對老人有遺棄、妨害自由、傷害、身心虐待行為之一者，應處新臺幣三萬元以上，十五萬元以下罰鍰，並公告其姓名；涉及刑責者，應移送司法機關審理。若情節嚴重者，主管機關應對其施以4～20小時之家庭教育及輔導。故家屬與機構應小心處理，不致妨害老人自由、傷害或身心虐待之虞，應採**方案1**。

3. **由倫理理論、原則與指導方針來看**：
　　（1）義務論：規定、權利、原則是必須遵守的。若社工師要遵守「誠實、守法、尊重」的原則，應採**方案1**。若是以員工身分而遵守

「服從」原則，應採**方案**2。

（2）目的論：不論應不應該，而只看結果與目的。

　　A.利己主義：若社工師努力減少自身的法律責任，應採**方案**1。若社工師努力減少與案主及主管的衝突，則採**方案**2。

　　B.行為效益主義（即立即效益）：採**方案**1對案主關係有立即效益；採**方案**2對家屬、主管、機構有立即效益。

　　C.規則效益主義（即長遠的效益）：採**方案**1若處理得當，長遠來說可以取得案主的信賴合作，增進案主與家屬關係、促進社工師與家屬及主管間的認識與信賴。對於其他住民與機構也好，但需要花時間技巧及努力；有可能未能完成就必須中止。**方案**2只是暫時權宜之計，長遠來說，並不能解決案主與家屬的問題，甚至可能造成其他住民對於機構專業的負向感受，或造成機構評鑑劣績、負擔法律後果等。

（3）倫理原則的差別平等原則：案主和家屬、主管都是社工師關心的對象，但當利益和意見衝突的時候，社工師應是要多幫助弱勢的一方，故應以**方案**1為優先。

4.**由社會工作實務倫理與原則來看**：可查考文獻及請教資深的長期照顧、老人機構的社工師如何處理？以往有何經驗或研究？再加以判斷對所採行的方案。

5.**由個人價值觀來看**：檢視社工師個人價值（包括宗教、文化、種族、政治等）與案主、機構之價值觀是哪些部分有衝突？是否有忽略而未考慮到的方面？

步驟五：徵詢同儕，以及專家的意見

　　向外聘督導、法律顧問等提出諮詢，並於機構內之在職訓練中提出個案研討。

步驟六：做抉擇並記錄其過程

諮詢意見及個案研討之結果，決定採取方案1或2的作法，若可能損害他人權益時，需有補救配套措施。並於個案研討資料及個案記錄中清楚記錄討論抉擇過程。例如：

1. 決定一個時限（2週或1個月內），取得案主同意，否則不續留住案主。

2. 案主家屬須出面與社工師、照顧人員及案主會談，增進彼此間的信任與合作，擬定計畫、共同執行。社工師亦關心家屬的困難和顧慮，提供協助及資源。

3. 減少或完全不用約束，但加強照顧或給予案主夜間求助按鈕使用。

4. 向主管簡報說明個案研討團隊專業評估後的策略，取得其了解和首肯。

5. 配套措施：鼓勵機構內功能良好的住民向案主主動表達善意及邀請參加活動，運用志工關懷探訪，轉移注意至案主有興趣的往事、歌曲、信仰等。社工師誠意溝通，與案主討論其感受與可行方法，多利用優勢觀點、正向增強，幫忙案主看到家屬善的動機和付出。機構工作人員有一致的目標，並根據策略相互合作支援，可與家屬委婉但堅定的溝通等。

6. 定期（如每三天或每週）檢視成效，如社工、各工作人員及住民、志工的協助情形。

步驟七：監督、評估與記錄抉擇所帶來的結果

在執行倫理抉擇的過程及決定方案後的一個月、三個月檢視其結果，並仔細擬定機構處理案主同意入住及約束之辦法與策略，列入工作手冊及交接，以減少後續倫理衝突及照顧的困難。

結語

　　本章利用一個案例完整的搭配倫理抉擇步驟做說明，讀者可以其他案例試著依步驟思考、抉擇。簡單的案例很容易找到明確的答案；中等難度的案例也可以透過頻繁的練習，經由自己的反思、同儕的討論、督導的指點、專業或跨專業的研討、找到抉擇的方向。不要忘記每個倫理難題的抉擇，或多或少都有缺點，要思考尋求配套措施，留住該方案的優點，減少所帶來的傷害性。然而實務上，有時會遇到複雜的情境及考量不同的立場，即使倫理學者、資深專家並不一定會產生一致的決定，這也是倫理難題之所在。倫理難題的處理與抉擇，最好透過專業與跨專業的案例研討，其最重要的部分不在結論而在過程，以學習、反思、辯證、交流、驗證等，逐漸建立該機構、領域、專業、社會更周全合宜，且更合乎倫理的處遇抉擇。

情境練習

　　請以你實習中的倫理情境（或由本書中選擇一個案例），試著以雷默倫理抉擇的過程，加以分析、演練。

教學參考

課堂活動：

1. 短片放映（如香港社會工作者註冊局的短片——社會工作者工
   作守則教材篇）。

2. 分組討論：選擇一個案例，小組再細分爲兩組以辯論方式，各
   採兩難的一方爲價值之辯護，並依此價值決定可能的行爲的好
   處，相對價值採取行爲的壞處。

3. 各組簡要報告。

學習作業：

1. 完成本週小組的討論記錄。

2. 爲期末報告做準備與討論（例如：採用拍影片、書面報告等方
   式，呈現專科領域倫理難題與抉擇）。

3. 參考社工師公會全國聯合會出版的《社工倫理案例編彙》。

CHAPTER 10
醫務社會工作的倫理難題

學習目標

1. 認識醫務社會工作內容與價值原則。

2. 了解醫務社會工作中的倫理難題。

3. 至少能說出兩種倫理難題及討論分析其處理與抉擇。

4. 可以指出情境練習題中，倫理難題的所在及討論分析抉擇的過程、考量和結果。

5. 能指出課程學習後，對原有倫理價值的新體認。

前言

　　醫務社會工作是社會工作最早專業化的領域，在多重專業共事的工作環境中，面對案主生命健康的重大挑戰，倫理是非常被重視的課題，而倫理難題是複雜且急迫的。本章分成四節，介紹醫務社工內容、價值與原則，醫務社工的倫理議題，並以多個案例進行醫務社工倫理難題處理之探討。

第一節　醫務社會工作的內容

　　醫務社會工作是指社工師於醫療衛生機構中與醫療團隊合作，運用社會工作的知識與技術，服務病人、家屬及社區民眾，協助其處理與疾病、治療、及健康維護相關的社會、心理問題，以提升醫療效果、促進社區民眾健康。

　　社工師與醫師、護理師等專業人員組成醫療團隊，共同為恢復病人的健康而努力。其工作內容包括：臨床工作、醫療團隊工作、志願服務、社會資源運用與合作、教育訓練與研究等。臨床工作大致可分為五個部分說明：

一、個案工作

　　社工師以個案工作為主要的方法，針對病人及家屬個別狀況給予評估，提供專業服務，協助其解決與疾病相關的社會、經濟、情緒、家庭等問題，提供情緒支持、行為輔導、經濟補助、資源運用，協助病人對疾病治療的了解與適應，作好出院準備，促進醫病良好溝通，協調醫病關係、家庭關係等。

二、團體工作

1. 舉辦病人及家屬定期及不定期座談會，協助增強疾病及治療知識、照顧方法，給予情緒支持及協助疾病調適。例如：早產兒家屬座談會、燒傷中心家屬座談會、肝臟移植健康講座、癌症病童家屬座談會等。
2. 辦理團體活動：如安寧緩和療護病房遺族關懷活動、兒童病房聖誕活動等。
3. 協助相同疾病的病人組成自助團體，發揮病友自助互助的能力。例如：乳癌病友開懷協會、地中海型貧血病友團體、糖尿病病友團體、老人照顧者自助團體等。

三、社區工作

社工師運用社區工作、方案設計與管理等方法，與醫療團隊共同推動社區外展服務方案、社區健康營造活動。例如：推動社區健康服務，至社區內學校、村里活動中心等地辦理健康講座、健康檢查篩選活動、疾病預防宣導、社區病友座談會、罕見病症「小胖威利」夏令營等。

四、特殊的服務方案

例如：保護性個案（家庭暴力、性侵害等）、器官移植、安寧緩和療護（臨終關懷）、出院準備服務、急診服務、榮民服務、愛滋病病人服務、罕見疾病服務、早產兒服務、癌症兒童服務等特殊服務方案。

五、其他

例如：特殊病房或醫院內節慶、藝文活動。

　　醫務社會工作是臺灣社會工作最早專業化的一個領域。自開創期（1949 年～ 1980 年）以解決病人經濟問題爲主；專業發展期（1981 ～ 1990 年）提供個案、團體的專業服務，及部分社區服務。挑戰期（1991 ～ 2010 年）因應全民健保、《社會工作師法》、921 地震、SARS 風暴、各項保護性法案通過、新制醫院評鑑實施等，醫務社會工作的內容也不斷增加特殊性的服務方案，且各院的實施狀況差異加大；發展契機期（2011 年至今），醫務機構設置標準，納入社會工作人員、新制醫院評鑑、醫療法修訂或醫事人員法訂定等，將帶給醫務社會工作再發展的挑戰和契機（秦燕，2011）。

第二節　醫務社會工作的價值與原則

　　醫療領域中處理的是人，最重要的是生命與健康問題，價值與倫理的議題早被重視，因而有醫學倫理四個原則（自主原則、助益／行善原則、無害／不傷害原則、正義原則）的發展。

　　在醫務社會工作價值方面，則可用基本價值、特殊價值、對案主個人價值的重視三方面來看（Rosenberg, 1983）：

一、基本價值（Primary Value）

　　1. 個人的尊嚴與價值。
　　2. 潛能的發展。
　　3. 案主自我決定。
　　4. 資源的充分運用。
　　5. 社會正義。

二、特殊價值（Special Value）

1. 整體醫療（total care）的權利。
2. 使用現有醫療資源。
3. 生活品質的要求，而非只是延長壽命。
4. 照顧（caring）與適應（coping）的研究。
5. 強調社會健康（social health）。

三、對案主個人價值的重視

1. 案主意願的表達：即使不能完全達到案主的期待，但應保障其意願的表達。
2. 案主的需要與目標：重視案主的需求，而不是醫療人員的需求，要與案主共同商討訂定治療的目標。
3. 對其他人的保護與考慮：案主的利益以外，也須要考慮其他人的安全與福祉。

第三節　醫務社會工作的倫理議題

　　醫療機構是多重專業實施的場域，社工師與醫師、護理師、藥師、營養師、物理治療師等醫事人員共組的團隊下，社工師是新進且相對弱勢的專業，在面臨醫院中醫療和行政管理兩個權威體系，接受衛生和社政的兩個系統督管，常有角色定位調適和衝突化解的難題。

　　醫療倫理的議題牽涉到道德和法律的面向，包括保障當事人的認知行為能力、保密和知情同意的權益。還牽涉到複雜的情感和人際面（如對所親近者的疾病或死亡感到罪惡），照顧者之間意見的不一致和可能的利益衝突，以及對醫療系統的不信任等。其後也隱藏著一個複雜的背景，包括

不同的政治、社會、學會和專業，或多元價值體系和觀念等（郭素珍等，
2008）。

　　醫務社工常參與及面臨的倫理議題有以下十一項。

一、病人權利的維護

- 常見的倫理議題：①醫療照顧（包括急診、住院、門診）；②隱私權之
  保障（包括身體的、個人資訊、疾病相關的資訊）；③知的權利（包括
  病情、檢查、治療、預後的告知）；④自主權與自我決定（醫療同意
  權、選擇權及拒絕醫療權）。

　　社工師要能促進病人權利的維護，要在醫院的設施、法規及程序下，
協助案主順利接受急診、住院、門診的醫療服務，注意案主隱私，小心查
閱記錄，保管案主相關資訊，提醒案主權利的運用，鼓勵案主和家屬詢問
與了解病情、檢查、治療及預後，甚至社工師可以在醫師告知病情或醫療
處置之後，協助以案主和家屬能了解的語言再次說明，使其更進一步的認
識和完成知情同意、選擇或拒絕醫療處置的程序。

　　當家屬、醫療團隊甚至機構有違反案主權利維護時，要能警覺判斷、
智慧處理，了解事實狀況、各方的想法和限制，以顧全案主權益、醫病關
係、同僚合作、醫院管理的方案等。處理的方法如溝通、協調、建議乃至
必要的倡導、改革都是可行的，但仍需以案主的權利維護為先。

二、有限資源的適當運用

- 常見的倫理議題：如出院問題處理、器官移植業務之器官勸募、分配、
  活體捐贈者的社會心理評估、死刑犯捐贈、移植過程及事前事後整體評
  估等。

　　在有限的資源下，案主權益、自我決定應考量社會公平、正義的前
提。如案主疾病治療告一段落，要將病床資源給其他需要的人利用，但也

一定要與案主、家屬共同討論，訂定後續照顧的妥適安排。

　　器官捐贈牽涉許多價值倫理問題，包括：全屍的概念、死亡忌諱、來世的影響、器官分配的公平性等。活體捐贈時，社工師常參與捐贈者的社會心理評估，要確認捐贈者的社會心理狀況及自主意願，不能讓有權力者剝奪弱勢者的自主。若捐贈者並非自主意願，在與醫療團隊討論後，甚至可能由醫師宣布列爲不合宜的捐贈對象。

　　死刑犯的器官捐贈也是倫理爭議的議題，有人認爲既然一定要死，讓其器官留在人間幫助別人，也可作爲死刑犯對人類社會的補償，只要先經過合乎倫理的解說，徵得其了解和眞心同意的程序即可。但是死刑執行的方式會因此不同，需由槍擊心臟改爲槍擊腦部，再由刑場送到醫院進行腦死判定程序，以維護器官的健康狀態，故受刑人會較爲痛苦，且萬一沒通過腦死判定怎麼辦？能再回刑場重新執行嗎？這些問題也是人權團體一直以來所關注、質疑的。

　　如何能做好器官捐贈及移植，事前事後的評估很重要。過程中保持尊重、審愼的態度，及對捐贈家屬的悲傷輔導，讓捐、受雙方彼此保有個人資料的隱私，但轉達關懷與感謝之意等措施，都是要考量的倫理議題。

三、醫藥生物科技所帶來倫理的挑戰

・常見的倫理議題：人工生殖的考量、捐卵／精、代理孕母等。

　　婦產、兒科的社工師在面對人工生殖的情境時，應幫助案主及家屬審愼思考子女的意義、價值和可能面對的醫療、經濟、家人關係（配偶、公婆）等問題。當涉及卵子、精子的捐贈，代理孕母的選擇時，都需要有合乎倫理的程序。例如：保密捐、受雙方的個人資訊，也應避免近親倫理關係錯亂的困擾。如：母親當女兒的代理孕母，懷胎生下的小孩，在情感上應該是以兒或孫來對待？

四、案主需求與績效管理的衝突

• 常見的倫理議題：急、重症住院與健保總額支付之限額。

　　健保制度、醫院評鑑等管理制度可能影響案主就醫權益，如：曾經因健保總額支付制度的實施，導致許多醫院設置管理機制，限制超額的門診、住院收治。後來因為病人、醫師的抗議，社工團體也在健保制度的座談會中，倡議病人及病人團體的權益，才排除重症、急症病人於限制外。

五、醫療專業整合與互動關係

• 常見的倫理議題：多重專業間的了解、尊重、領導、合作的議題。

　　醫院是多重專業共事為病人服務，社工師要清楚自己的專業價值、倫理角色，同時也要尊重其他專業的價值順序、倫理與角色，多做溝通，以優勢觀點的增能工作，少做批評、扯後腿的行為。總要在自己的能力和態度上加強，讓社工師能在醫療團隊中發揮功能，成為不可或缺的角色。

六、基因研究的新挑戰

• 常見的倫理議題：①基因研究之權益（如優先順序、生存權、選擇權、隱私權、同意權）；②基因檢測、篩檢結果的告知、資料登錄與資料保密；③基因改良。

　　基因研究是前衛的課題，社工師能參與直接服務的項目還不多，但這是未來醫療整體面對的倫理課題，故醫務社工師一定要了解、思考社工價值的觀點，必要時參與討論。

七、疾病與社會烙印

• 常見的倫理議題：幫助案主、家屬及社區接納特殊疾病，並積極因應

（如：無肛症、先天畸形、愛滋病、精神疾病等）。

罹病已是打擊，某些特殊疾病因為風俗、文化、民間故事等加上社會的汙名烙印，如：「缺德事做多了，生小孩沒屁眼」、「畸殘子女是前世冤孽來討債」等，使得案主及家屬承受莫大的壓力。因此醫務社工師要給予其更多的支持、協助，更要拆解烙印、減少剝奪，向案主的親友給予醫療證據的理性說明，肯定每個生命的尊嚴與價值。亦可運用團體工作，如舉辦社區活動，進行該類疾病的防治及協助教育與倡導等。

八、醫療糾紛處理

• 常見的倫理議題：誠實告知、記錄報告、兼顧案主與醫療人員或醫院的利益，補助申請的考量等。

醫療糾紛的預防、醫病關係的促進是醫務社工師的重點工作之一。當案主、家屬、醫療團隊、同僚、醫療機構彼此之間的立場和利益相衝突的時候，社工師更要言詞謹慎、態度誠懇，讓利害關係人都了解社工師是以中立、客觀的思維，在不做假、不偽證、不違法之下，關心各方感受、想法，共同解決問題、減少傷害，並負起該負的責任，承擔事實的結果。當醫院主管提出是否可以社會資源經濟補助彌平醫療糾紛裂縫時，也應清楚的說明社工師對於社會大眾責信的倫理，因此捐款、基金的補助只能用在經濟困難的補助，不可用於醫療糾紛的補償。許多資深醫務社工師的事實經驗可以證明，愈是清楚堅定的倫理思維和作法，愈能贏得案主和醫療團隊的敬重和信賴。

九、醫學研究參與

• 常見的倫理議題：告知並徵求同意、詳細說明風險、病人利益為先、受試者可隨時退出、個人隱私守密、尊重著作權等。

醫務社工鼓勵做實務的研究，也應在醫學研究團隊的整合型研究中，

發揮社工師在社會心理層面及社會資源的特長。不論哪一型的研究，應注意以病人的利益爲先，確認參與者已充分被告知研究的進行和風險，乃爲自願參加，且若隨時退出不會被處罰或剝奪原有的就醫權。此外，應注意個人資料的保密等研究倫理，若發現案主權益受損或研究團隊有違以上倫理，應提醒、糾正，循正常管道舉發。

十、精神醫療

• 常見的倫理議題：如強制就醫的倫理議題，病人與家屬對就醫安排持不同意見時，應如何抉擇等。

　　自精神衛生法修法後，對於強制就醫有更嚴格的規定。當有危險性的精神病人急性發作時，對自己、家人、社區的安全，與個人的自主意願發生衝突，醫囑的決定、提交審議的流程，醫務社工師提出評估的參考，並做後續案主、家屬、醫療團隊的溝通協助，都牽涉倫理的考量。個案研討、團隊會議，是審慎討論作倫理抉擇很重要的方式。

十一、參與倫理維護機制

• 常見的倫理議題：如加入病人安全委員會、醫療糾紛處理委員會、倫理委員會、人體試驗委員會、性騷擾防治委員會等把關病人權益。

　　在愈來愈重視病人安全、病人權益的趨勢下，社工師有更多的機會參與相關的委員會，應勇於承擔、不要推辭，以社工師的專業角度提供意見，促進病人的權益實踐，順暢機構倫理運作。

十二、專業角色與專業能力的議題

• 常見倫理議題：對專業角色及專業能力的明確認定，據以任免人員、教育訓練、督導、評核、獎懲……。是否爭取成爲醫務專科社工師合格訓

　練組織？如何提升專業能力？

　　近年多有研究，探討醫務社工核心能力，除了直接服務相關能力以外，也包含因應、協調、規劃、合作等管理能力，以回應醫務環境快速變遷的特性。而專科社會工作師制度的開展，亟需確立醫務專科社工師核心職能與訓練評量（熊蕙筠等，2019），挑戰醫學中心及教學醫院的社工師們，如何提升專業能力，是否承擔爭取成爲醫務專科社工師合格訓練組織。

相關法規

- 《醫療法》（2014 年 1 月修訂）
- 《精神衛生法》（2007 年 7 月修訂）
- 《全民健康保險法》（2011 年 6 月修訂）
- 《人體器官移殖條例》（2015 年 7 月修訂）
- 《人類免疫缺乏病毒傳染防治及感染者權益保障條例》（2015 年 2 月修訂）
- 《優生保健法》（2009 年 7 月修訂）

第四節　醫務社會工作倫理難題的案例討論

　　以下列舉醫務社工師可能遭遇的臨床情境，加以分析探討，其倫理抉擇過程的方法請參考第 10 章之步驟內容。

情境案例

- 善意保密 vs. 知的權利

　　67 歲的男性，從確定骨癌到往生約經歷兩年的治療期，雖然案主一再懷疑、詢問，但家人與醫療人員均不告知其癌末的事實。

討論：

　　在醫療服務中，重症或末期疾病的告知一直是持續探討的倫理難題。「知的權利」是病人的基本權利。

1. 對病人而言：根據社工倫理守則第二章第1.2條，社工師應尊重並促進案主的自我決定權，而決定之前必須有知情同意、知情選擇的「病情及治療的告知」。其實案主也可以選擇不必知道病情及治療，當案主非常虛弱無法清楚了解時、情緒不穩定、在否認階段時，冷酷地急著告知惡劣病情及預後並不是為案主的福利著想。根據社工倫理守則第一章第四條第三項（社工師在社會公平的基礎上，支持關懷案主表達需求、增強案主能力、努力實現自我），社工師可在案主症狀稍穩定時，鼓勵案主詢問醫護專業人員及家屬病情，並告知也可以選擇不要煩心細節，醫療團隊都會盡心的為其檢查治療，並將結果告知家屬。假若案主一再詢問，其應得到清楚的回覆及協助。

2. 對家屬而言：若了解家屬是出於純粹的關愛案主，以家屬對案主的了解，知道其可能會因為知道病情而情緒崩潰、失去就醫信心、放棄醫療或甚至有自殺的可能。則依據社工倫理守則第一章第五條，應以保護生命為優先考量，暫時善意的保密、不告知是合宜的選擇。只是很多時候家屬是因為自己無法接受，或家人間的意見分歧而不願告知案主。此時社工師應把更多的時間和努力放在關心家屬，溫和漸進的協助家屬尊重案主的自主權，讓家屬知道與案主討論其想法、期待、未了心願、後事安排等，並給予支持、協助，才是尊重案主更好的方式。此時社工也應審查自己和家屬的價值觀、對死亡的看法，有沒有因族群、文化、宗教等特殊因素而需要特別注意。

3. 對醫療團隊而言：若是醫師迫於強勢家屬的要求而不告知案主病情，亦不希望社工師與之討論相關話題，社工師即使評估案主已準備好知道自己的病況，也不可逾越角色，直接告知病情。因為宣布病情和治療是主治醫師的責任和權力，社工師只能協助病人了解醫

師有告知的部分。然而根據社工倫理守則第二章第2.1條（社工師應尊重同僚、彼此支持、相互激勵，與社會工作或其他專業同僚合作，共同增進案主的福祉），爲著病人的福祉，社工師應把自己的評估與醫師溝通，並透過查房、病房會議或個案研討時，有系統的報告、分析，再經由團隊觀點決定可採行方案或補救措施，才是合宜的做法。

情境案例

• 保護生命 vs. 案主自決

　　未成年少女由監護人陪同至醫院墮胎，社工師與少女會談後尊重案主決定，但經人工引產後，醫生發現嬰兒仍有生命跡象，故將嬰兒置入保溫箱並給予醫療救治，但案主知道後相當生氣。其父母也擔心嬰兒的醫療、後續照顧及家庭不適合養育的各種問題，責怪醫師當初評估不完全正確，且不應再予救治。

討論：

　　未成年少女由監護人陪同，社工師會談並經醫師評估胎兒及產婦狀況，為了少女的身心健康及安全，且也符合優生保健法，故施行引產，然而胎兒引產後卻仍有生命力，醫師以尊重生命的原則，給予支持療法，並無不妥。

　　社工師要了解每個角色的期待、價值、需求，尊重醫師專業價值判斷下的處置，向案主及家屬說明，協助案主和家庭再做此階段的抉擇，並協助案家思考後續問題的處置（如嬰兒的醫療費有健保與社會資源的給付、嬰兒若順利存活仍有出養的措施等）。此案也應作為醫療團隊後續檢討評估的案例。

情境案例

• 案主權益 vs. 同僚權益；專業關係 vs. 團隊合作

　　案主向社工師反應想要更換主治醫師，因為他覺得主治醫師根本就不關心自己。根據社工師側面了解及觀察，也確實發現有此傾向，故向醫師反應此案主的問題，但主治醫師否認病人抱怨的現象，也不願轉給其他醫師。

討論：

　　根據社工倫理守則第1.1、1.2與2.3條，社工師都應該以專業知識及合乎法律，公正客觀的釐清問題，以理性專業的思維、客觀的分析，維護案主權益與同僚合理之專業信任。因此雖然是以案主權益為先，但若莽撞的直接向主治醫師提出：「○○病人說你不關心他，要換主治醫師」，而案主因害怕醫師不悅，矢口否認說過的話，則社工師反倒兩面不是人，既未維護案主權益，亦破壞了團隊專業合作關係。

1. 對案主方面：社工師應先釐清病人的擔心（如覺得醫師很少探視自己、很少說明病情及治療情形、認為醫師是名醫，害怕跟醫師說話、付不出醫藥費等），再強調醫院重視病人權益，鼓勵病人將其疑問向醫師提出，甚至協助病人整理他對病情和治療有疑問的地方。例如：建議提問的方法，或鼓勵他寫成紙條，除了可幫助記憶，若見到醫師時說不清楚，還可將紙條交給醫師。此外，說明醫師因業務繁忙，可能於晚上睡覺時才查房；醫師並不會因為案主的經濟來源而有差別待遇等。

2. 對醫師方面：向醫師肯定其高超的醫術與專業能力，但委婉說明案主的需求。可以建議住院醫師多協助解釋，或請主治醫師夜間探視時可以叫醒此案主，他可能更感激醫師忙到這麼晚也沒有忘記他。若是醫師在關切態度和說明持續有不足，社工師也要發揮言責，不露痕跡的多提醒、鼓勵，或許在查房、開會結束，或有較輕鬆的團隊活動時說：「○○醫師，你若是能多笑一點，多跟病人解釋幾句，

那就是我們心目中完美無瑕的醫者典範了」。

社工師是團隊中最有協調溝通能力的，團隊關係建立、注重案主權益也是我們要努力提升的，同時仍可用倫理抉擇步驟來思考、處理。

情境案例

• 案主隱私 vs. 社區權益 vs. 社會倡導

某醫務社工師同時接手兩個愛滋病個案，A是因為吸毒共用針頭而感染愛滋病的青少年；B則是因輸血而被血液感染的愛滋病的兒童。社工師在找尋社會資源幫助愛滋病個案的過程中，發現社會大眾對於此類個案的歧視相當嚴重，大部分都認為他們是罪有應得，因此不願意幫助他們。同時，醫院預備在社區內設置一個小型愛滋病個案收容中心，社工師面臨了是否應告知社區居民此項訊息的倫理難題。

討論：

依人類免疫缺乏病毒傳染防治及感染者權益保障條例第4條（感染者之人格與合法權益應受尊重及保障，不得予以歧視，拒絕其就學、就醫、就業、安養、居住或予其他不公平之待遇）；社工師倫理守則第二章1.6條（社工師應保守業務祕密，案主縱已死亡，社工師仍需重視其隱私權利），為避免愛滋病病人遭社會烙印，更需嚴謹守密，及多予病人增權協助。因此，在醫院旁的社區安排病人短期住宿不必告知社區，但若正式設立愛滋服務中心時需考量時機及做好準備的工夫。

設立愛滋服務中心是大議題，若要社區有相當的正確知識及激起愛心，平時就要做好社區鄰里關係（如協助社區活動），結合社區的領袖及相關團體和政府一起努力，做好準備才能階段性的成立中心。其實無知和冷漠是歧視的源頭，依據社工守則6.2、6.4和6.5條，醫院及社工師也多執行愛滋病防治的倡導及宣傳工作，也可以倫理抉擇程序來討論、思考之。

結語

　　醫務社工的倫理難題是多元、複雜且急迫的，社工師必須更能覺察實務工作中的倫理議題，提出社工專業觀點的思考和做法，並透過跨專業的合作，努力提供合乎病人、家屬、社區需要且符合倫理需求的高品質服務。

情境練習

• 案主古先生，70 歲、單身、無業，與姪子同住，有一姪女。每月領有低收入戶二類補助 5,000 元及老人年金 6,000 元，須支付 3,500 元之房租。前陣子古先生因跌倒，導致左側股骨骨折入院，住院期間無法自理日常生活，故申請看護協助照顧。入院半個月後，醫師診斷其可出院，但仍需有人照顧，然而案主入院期間皆無法聯繫上姪子，聯絡姪女則表示工作忙碌無法長時間照顧案主。社工師與醫療團隊評估後，欲將案主安排進入公立療養院，但案主明確答覆想要返家。若你是此案主的社工師，應該如何在案主自決、病人安全與資源管理間做抉擇？

• 你發現服務的安養中心，除了按月向家屬收取照護費用之外，還利用安養病人的資料製作假病歷，詐領健保局上千萬的健保補助款，如果遇到健保局人員查核時，還要協助將安養病人移置他處躲藏。你應該如何在明哲保身與社會正義間做抉擇？

• 一位即將執行死刑的重刑犯，因以利器刺入脊椎自殺而被送入急診；同時一位命在垂危的 11 歲男童，若能等到一顆心臟進行移植，則有活命的機會。重刑犯得知男童的情況後，央求不要接受急救，等自己腦死後將心臟捐給男童。主治醫師認為重刑犯應該面對自己的過錯，堅持應先急救後再讓其回監獄執行死刑；住院醫師卻希望

男童能有移植的機會，故私下建議重刑犯利用床欄撞擊傷口以造成腦死的事實。若以社工師的立場而言，你認為本案在醫療倫理方面的爭議點為何？

• 案主藍先生，50歲罹患慢性腎衰竭三年，長期洗腎。因不適應洗腎之合併症，醫師建議親屬捐贈活體移植，家屬也同意。其家庭狀況：案主經營汽修工廠經濟狀況佳，案妻在工廠擔任會計，案家長子為工廠幹部，案女已出嫁，案弟未婚，但多年前在因車禍下半身癱瘓，腦部受傷導致言語表達緩慢不清楚，但意識清楚且能靠肢體動作與人溝通；案弟目前依賴案主生活。案母評估案長子未婚，如捐腎給案主將影響未來生活，而案弟雖癱瘓但身體尚健康，因此期待案弟捐腎給案主，故案家兄弟來醫院接受社會心理評估。社工師面對此個案的倫理議題為何？

• 小美，女性，39歲，家庭富裕，學歷為高中畢業。小強從小家境清寒，在小美父親資助下念完大學，並到美國進修，回國後為了報答小美父親的栽培，故與小美結婚，小美對自己的學歷和能力有很嚴重的自卑感，夫婦共同參與社交聚會時，她無法與其他人互動，久而久之產生社交退縮的情形，並開始出現丈夫外遇的幻想，也不太關心其一雙兒女（分別為13歲與17歲），甚至出現暴力行為。近日來經常在公共場合大哭大鬧，每次都要丈夫安撫甚久，故在丈夫多次勸導下至精神科求診，但症狀並未改善且有更加嚴重之趨勢。小強雖想要將小美強制入院，但遭到岳父母的反對。本次入院是因小美又幻想丈夫不忠，而持棍棒毆打小強致昏迷狀態，鄰居見狀報警處理。若你是小美的社工師，應如何在案主自決與家屬、社區安全間抉擇呢？

教學參考

課堂活動：

1. 短片放映。

2. 分組討論：選擇一個案例，小組再細分為兩組以辯論方式，各採兩難的一方為價值之辯護，並依此價值決定可能的行為的好處，相對價值採取行為的壞處。

3. 各組簡要報告。

學習作業：

1. 完成本週小組的討論記錄。

2. 為期末報告做準備與討論（例如：採用拍影片、書面報告等方式，呈現專科領域倫理難題與抉擇）。

3. 參考社工師公會全國聯合會出版的《社工倫理案例編彙》。

CHAPTER 11
身心障礙與老人社會工作的倫理難題

第一節　身心障礙社會工作的倫理難題
第二節　老人社會工作的倫理難題

學習目標

1. 認識身心障礙社會工作重視的價值與原則。

2. 了解及思考身心障礙的倫理議題。

3. 認識及思考老人社會工作的倫理難題。

4. 能夠以情境練習之案例，分析該案面臨的倫理難題、考量依據及
   抉擇過程。

前言

　　截至2014年底止，我國有1,141,677人領有身心障礙手冊，其中以肢體障礙者最多（33.14％），依次為重要器官失去功能（12.43％）、聽覺障礙（10.77％）、慢性精神障礙（10.73％）、智能障礙（8.81％）、視覺障礙（5.0％）等（衛生福利部統計處，2015）。身心障礙者已占總人口4.87％，且有逐年成長的趨勢，有愈來愈多的身心障礙者急待扶助，社工師應協同其跨越障礙，保障其權益福祉。除此之外，人口高齡化也是不可忽視的社會現象，我國2015年6月底的老年人口占總人口的12.22％（2,868,163人），預估至2025年，將達總人口的20.1％，屆時每5人中就有1位是老人（內政部統計處，2015）。社工師應了解社會高齡化是無可逃避的趨勢，如何讓老人維持尊嚴和自主的生活，是社工界的期待也是挑戰。

第一節　身心障礙社會工作的倫理難題

一、身心障礙者定義

　　依據身心障礙者權益保障法第五條，身心障礙者（以下簡稱身障者）是指下列各款身體系統構造或功能，有損傷或不全導致顯著偏離或喪失，影響其活動與參與社會生活，經醫事、社會工作、特殊教育與職業輔導評量等相關專業人員組成之專業團隊鑑定及評估，領有身心障礙證明者（全國法規資料庫，2011）：

1. 神經系統構造及精神、心智功能。
2. 眼、耳及相關構造與感官功能及疼痛。
3. 涉及聲音與言語構造及其功能。
4. 循環、造血、免疫與呼吸系統構造及其功能。

5. 消化、新陳代謝與內分泌系統相關構造及其功能。

6. 泌尿與生殖系統相關構造及其功能。

7. 神經、肌肉、骨骼之移動相關構造及其功能。

8. 皮膚與相關構造及其功能。

二、身心障礙社會工作

身障者的社會工作服務主要是協助障礙者個人，家人及照顧者，面對社會中資源的開發、機構變遷下各種相關障礙福利政策與福利服務的運用。政府的身心障礙福利政策以各項經濟補助為主，但近年來有逐漸朝向托育養護服務、提供無障礙生活環境及促進社會參與等方向規劃。現行的重要措施包括：

1. 經濟補助：如身障者生活補助、社會保險保險費補助等。

2. 居家社區照顧：如身障者居家服務、個案管理服務，並推展復健服務、心理諮詢、日間照顧、臨時及短期照顧、餐飲服務、交通服務、休閒服務、親職教育、資訊提供、轉介服務、社區樂活補給站、成年心智障礙者社區居住與生活服務等。

3. 把關機構式照顧之品質：如加強身心障礙福利機構評鑑、專業人員培訓、聯繫會報、未立案機構清查取締、養護照顧、托育養護補助等。

4. 其他：如設置輔具資源推廣中心、提供諮詢、社會支持、輔導、安置及轉介等服務、辦理各項身心障礙者休閒、育樂、研習等福利服務活動。

目前社工師大多於身心障礙機構或社區推展身心障礙福利服務的基金會、組織團體服務，推動各項身心障礙鑑定、照顧、福利服務及倡導工作。常見的服務機構包括：內政部主管的身心障礙教養院（臺南、雲林、

南投、八德）、各縣市主管全國性服務的社會福利基金會（如伊甸、心路、瑪利亞、光仁、創世、陽光等）、智障者家屬協會、脊髓損傷協會、康復之友協會、失智者照顧協會，以及地方性的身心障礙機構團體等。

三、身心障礙服務需重視的價值與原則

（一）個別差異、多元性的需求

當面對身障者或其家庭時，要能認識其需求是特別且有個別差異的、是多元化的，社工師所面臨的挑戰包括：顧及身障者的權利，增強服務的能力，經常從事協調工作，要能積極、主動、具建設性及有創新性。

（二）增強案主自信、促進案主自決

社工師不只是提供服務，且要促使身障者及其家庭運用社會資源。在專業關係中特別重視案主的價值、尊嚴，要予接納，在評量與處遇計畫、執行過程中，強調身障者和家庭的參與。重視案主的需要、優勢，肯定其能力，加強其信心，協助其掌握清楚資訊審慎考慮後的自我決定。

（三）重視社會正義

社會資源應優先給予有生活基本困難者，在提供協助的同時，要考慮人性化的情境，所提供的量必須是足以滿足需求及維護個人尊嚴的。尤其應了解社工師是為案主帶來「好的改變」，促使社會環境對案主的改變（如提供機會、資源，使障礙者的能力得以充分發展），滿足障礙者需求，這才是差別平等、符合社會正義。

（四）採用評量而非診斷的觀點

強調對於環境的評量，不將案主的問題只視為其個人因素，應考量多元因素，尤其是來自社會系統與個人間的互動。在身心障礙鑑定中，除了

身體功能與結構的評估之外，還要由社工師、治療師等進行活動參與和環境因素的評估。更重要的是依據障礙的情形做需求評估，立即連結身心障礙的福利服務。

四、身心障礙社會工作的倫理議題

兒童身障者的虐待問題

兒童身障者受到虐待，該負起責任的是家庭、學校還是社會？事實上，這三方面會相互影響，不該過度歸責於一方，或讓一方完全卸責，更應避免將重心放在指責案主或弱勢的一方，社工師應在現有環境條件下促成三方的協助合作。

兒童身障者早期療育的重點

對於此類案童雙親的心理支持、案童的居家照顧、案童就學與醫療復健等，都是應與家屬討論的重點，除了顧及家屬的能力與意願之外，最重要的是維護案童獲得最大的身心發展。

兒童身障者的特殊教育或融合教育

可以徵詢專家做評估，就案童的個別狀況和就近資源考量。

成年身心障礙者的就業轉銜

有支持性就業或庇護性就業的選擇，但過度的保護可能會限制身障者的潛能發展，如何做才是適當的支持性就業？宜根據案主的能力做考量。

身心障礙者的財務保護

考慮案主的意願、能力、保障和福利、家屬的意見等，了解信託機制與程序是否合理建置，再由當事人決定是否辦理財務信託。

成年身障者的照顧重擔

以現行福利政策來看，成年身障者的資源漸少、負荷愈重，主要照顧者（通常為父母）有年老的問題，如何適度的減輕家人負擔及予適當的支持？怎樣才符合社會公平正義？是否要求政府承接？宜審慎思考斟酌。

身心障礙鑑定與福利服務連結

身障案主及家屬都希望能夠有快速便利的評鑑流程，且被評定為合適的障礙等級，同時獲得完整連結的福利服務。社工師參與評鑑時，應思考如何能在短時間內做周全、公正的評估。當家屬的期待與評估結果不同時、當服務的提供無法應對要求時，倫理的難題即浮現。

> **相關法規**
> •《身心障礙權益保障法》（2015 年 2 月修訂）
> •《身心障礙者保護通報及處理辦法》（2010 年 8 月修訂）

五、身心障礙社會工作倫理難題的案例討論

> **情境案例**
>
> 案主是輕度智障的成年女性（小芳），在志工服務中認識中度肢障的小偉，兩人交往但沒有避孕，案主以懷孕的事實要求嫁給小偉，遭案主父母的反對，並要求其墮胎、斷絕與小偉之交往。案主向社工師求助，家屬知道後則向其主管施壓，要求社工師需依家屬之意見輔導，否則將停止對機構之定期捐款。請問社工師面臨哪些倫理難題？應如何抉擇？
>
> **討論：**
>
> 生養身障者，對父母來說都是挑戰和辛苦的歷程，實務上有些父母會忽視、虐待、隔離身障者；也有因補償心理而過度保護，限制身

障者的發展和自主決定。本案的父母想必是疼愛、呵護案主的，也認同、支持身心障礙機構的服務，容許案主適當的社會參與（志工服務）。然而，父母卻忽略了身障者也想交往異性朋友、有性的需求，有組織家庭、生養子女的渴望，而只想將案主留在身邊就好。案主面對的難題包括：是否中止懷孕？是否與小偉繼續交往或成家？

根據社工倫理守則第二章第1.2條，案主已成年，雖有智障但能完整表達意思和需求，小芳與小偉雖然各有部分障礙，導致生活能力較弱，但非沒有能力成家、養育後代。社工師不必急著「為」案主下決定，可同理案主父母因為疼愛子女，才急著用他們認為合適的方式處理目前的難題，甚至施壓機構主管。社工師宜盡快邀請相關的當事人（案主及其父母、小偉），了解各方的意願、想法、能力與資源。同時安排案主先接受醫療的檢查，評估母體、胚胎的健康狀況，中止懷孕的危險性、合法性（優生保健法）等。將資訊提供當事人討論，並選擇對相關當事人的利弊得失（包括短期、長期）最少損害的方案。

此案大約有六種方案，主要以案主是否中止懷孕與兩人是否繼續交往為思考點（圖11-1）：

方案1：中止懷孕，繼續交往。

此方案顧及案主交往異性的權利，且藉由延長交往時間，可審慎評估兩人是否有能力成家，但未顧及胎兒生存權。

方案2：中止懷孕，兩人分手。

可減少案主父母的擔心、未來的負荷和麻煩，但是否會對案主的身心造成不良影響、破壞其親子關係，若因此剝奪案主成長獨立的機會，導致案主日後的怨懟，是否反而成為案主父母的負擔？

方案3：繼續懷孕，生下自養，兩人結婚成家。

順從案主的心願，但未來兩人是否有能力組織家庭、照顧小孩，使能健康成長？會不會造成父母、社會的負擔？

方案4：繼續懷孕，生下自養，兩人分手。

交往後，若小偉成家的意願不高，或評估其不合適成家、育兒。

方案5：繼續懷孕，生下出養，兩人交往、成家。

顧及胎兒生命權，再使兩人進一步交往，觀察是否適合成家。

方案6：繼續懷孕，生下出養，兩人分手。

評估後認為兩人沒有能力成家、育兒。

原則上方案的選擇以案主的自決為先，無論經過討論思考後做了哪一種抉擇，都要承擔抉擇的後果和責任。社工師在抉擇過程中需提供案主支持、資訊及資源，使決定的好處存在、傷害減少。同時必須清楚的告訴案主父母，不論有沒有繼續捐款，都會提供最好的專業服務，也委婉但堅定的向主管說明（根據《社會工作師法》第一章之適用對象）：社工師之服務機構及負有督導、考核、監督協助社工之職權者，均應尊重社工倫理守則。

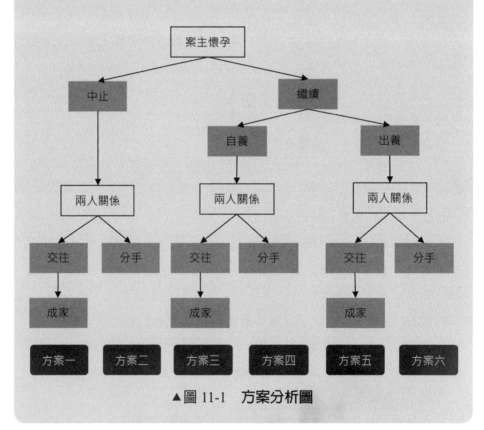

▲圖 11-1　方案分析圖

第二節　老人社會工作的倫理難題

一、老人社會工作

　　老人社會工作是運用社會工作個案、團體、社區等直接服務方法,與社會行政、諮商、研究、督導等間接服務方法,去推行老人生理或心理健康有關之社會政策或福利服務措施的工作過程。由於社會老化速度加快,政策的推行應聚焦在建構長期照顧體系,強調老人之經濟安全、健康維護、生活照顧三個面向。因此有社區照顧關懷據點、友善關懷老人服務方案、老人福利機構及安養護服務評鑑、行動式老人文康休閒巡迴服務等措施陸續推動,然而政府在老人福利服務的起步較慢,故老人保護、心理及社會適應、社會參與等部分,還有待相關措施加強。

老人長期照護(Long-term Care)

　　老人長期照護是醫務社工師及老人社工師都需要關切的,因為慢性病案主除了需要長期且密集的醫護照顧之外,更需要社會、心理層面的服務。老人社工師關注所有健康、生病或失能的老人,不論其身體狀況如何,都可能是服務對象,但社工師的獨特功能在於關照老人心理及社會方面的福祉,也需關切家屬及照顧者。在現行的老人福利政策與措施中,社工服務的部分包括:老人安養、老人養護、長期照護、居家服務、日間照顧、喘息服務、失能老人評估服務、獨居長者照顧服務、社工個案輔導管理、文康休閒活動、送餐服務、緊急庇護、短期或臨時照顧等。

二、老人社會工作倫理議題

(一)生命末期的抉擇

　　例如:久病、重病的老人,是否應該積極延長老人壽命?應依照誰的

意願（家屬或案主）？有甚麼法律的限制？

（二）資源分配公平性

　　相對其他群體（如貧窮兒童）所需的費用而言，老年群體是否獲得太多公共資源？其他資源分配的問題如時間、人員、經費、服務等的可接近性。

（三）選定代理人問題

　　在必須為一個虛弱或幾近無能力的病人選任代理人（依法定人選中挑選），當代理人在延續老人生命所付出的成本和繼承財產之間起衝突時，應如何決定？

（四）家庭照顧議題

　　老人必需的照顧或服務應由家中的誰來負責？是依老人的意願，或是配偶、子女的意願為主呢？照顧的方式或補助資源的運用，又如何才能合宜、公平？

（五）機構照顧的議題

　　住民的基本權利為何？有精神疾患或傳染病的住民所接受治療照顧的權利為何？非自願入住住民的權益為何？與團隊工作者的權益衝突時又應如何處理？

> **相關法規**
> • 《老人福利法》（2014 年 6 月修訂）
> • 《老人福利機構設立標準》（2012 年 12 月修訂）

三、老人社會工作倫理難題的案例討論

情境案例

• 案主自決 vs. 案主最大利益

　　80 歲案主被家屬關在門外，鄰居通報社工師乃緊急安置保護，但家屬又覬覦案主生活補助，到安置場所表達強烈要求，欲將案主接回同住，且案主亦想回家，則社工師應否繼續安置？

討論：

　　老人保護與兒童保護的狀況有所不同，案主只要不是失智，有完全的思考及自主能力，應該被充分的尊重。案主與家屬間的互動型態與情感依附也需要被關注和考量，所以當家屬要接案主回家，且案主也有意願回家，則社工師要思考自己的價值觀是否影響對案主繼續安置的處遇。依照雷默倫理抉擇原則三，個人自由權優先於自己的幸福權，雖然社工師認為案主在安置機構受到的照顧比回家好，仍應尊重案主的選擇，不要武斷的認為家屬覬覦案主的生活補助。若有此擔心，更要趁此時與家屬溝通，告知若不能妥善照顧老人，將依老人保護法第51條給予處罰，並告知老人如何求助通報。千萬不可認為花費時間將案主安置好，又要送他回家，是對自己專業評估安置和安養機構服務的否定和增加麻煩。社工師總要將案主的需求優先於工作者需求。

情境案例

• 案主需求 vs. 專業界限

　　案主因為膝下無子女，又與社工師相處甚久，有時其對待方式已脫離工作關係，甚至想認社工師為乾女兒。

討論：

　　長期良好的互動，社工師也很享受案主信賴、親善的關係，但當

案主要求更親密的關係，社工師應警覺反思轉移和反轉移的可能。根據社工倫理守則第二章第1.4條，應與案主維持正常專業關係，不得與案主有不當關係或獲取不當利益。社工師應思考案主提出的要求，是基於什麼樣的想法、期待和交付？是尋求更多的保證、有特別的期待，或有財物、權益的交付？當此案主稱自己為乾女兒，其他的案主作何想法？自己是不是也在不自覺的情形下表露了對該案主特別的關心和暗示？因此，社工師應該肯定案主的好意，但婉拒「認乾女兒」的邀請，更進一步了解案主提出此要求的動機，在專業的關係下提供及尋求資源或方法，滿足其合理需求。

結語

　　身心障礙者及其家屬是極需要協助的族群，由於他們的弱勢和易被歧視，更需要保障和促進其權益。身心障礙的福利機構和團體不少，但社會工作專業化的程度較醫務社工來得慢，加上法令及制度的改變社工師面對的倫理議題較多。

　　1993 年我國自從邁入高齡化社會，老人問題和老人福利服務政策漸受重視，預估將在 2017 年成為高齡社會（即 65 歲人口占總人口的 14％ 以上），長期照護政策箭在弦上，社工師的需求和挑戰更大。老人社會工作除了專業倫理難題之外，還加上中華文化傳統長幼有序的倫理，在在需要社工師審慎評估、妥適抉擇與處理。

情境練習

- 這部電影是敘述一個自閉症個案的故事。案主從小被診斷為自閉症，家屬感到非常不諒解，只有案母願意仔細照顧、耐心溝通，但也因此忽略自己的需求、與其他家屬的互動。因緣際會之下，案母發現案主有運動的天分，故積極培養案主參加各種課程與賽事，想要證明案主的能力，然而這樣的壓力已經讓案主喘不過氣。某天，案主的教練終於忍受不了，指責案母的教導方式只是滿足自己、為了彌補自己的內疚感。案母感到非常難過，也因此身體狀況愈來愈差。如果你是社工師，你會如何看待案母的強迫訓練？你如何協助案主的自我發展及緩解其他家屬間的衝突？

- 脊髓損傷訓練發展中心的社工師 A，對於轉介送訓的學員 C 的學習成效優良，十分嘉許及肯定，評估其需求及資格，鼓勵其申請電動輪椅，學員 C 十分興奮及期待。然而，在 A 與原轉介機構的社工師 B 聯繫時，B 以安置機構內部環境安全不合適，及可能造成其他機構成員的比較心理而斷然否決。你認為此案中社工師 A 面臨了哪些倫理難題？

- 地方法院法官在執行法拍屋點交時，意外發現一名66歲老婦被囚禁在屋後的小房子。里長表示其20歲時罹患精神疾病，才遭父親隔離，目前其雙親都過世，由親妹妹接手照顧，但搬家時卻將她留下。社工師詢問案妹，其表示自己沒有要拋棄案主，實在是無力照顧。則社工師是否要強制要求家屬將案主帶回？或移至其他醫療照顧機構安置？

- 案主年輕時拋家棄子，年老後卻極須仰賴案子女的生活照顧；然而，案子僅願意供應案主三餐，其他日常所需（包含協助就醫）則一概不予負責。社工師一方面同理案子的心情，另一方面也覺得案主咎由自取，但是社工師的專業職責則應該要維護案主的權益，如果你是這位社工師，會怎麼做呢？

- 案主向社工師哭訴六名案子未盡其扶養義務,不提供其生活費,故要求補助。但社工師查證的結果發現案主恣意花用案子們所供應的贍養費,此舉非但令社工師覺得反感,亦開始同情案子們的處境和角色,且考慮案主年事已高不願意再加以責問或澄清。請問社工師在此案例中有哪些做法不恰當?

- 案主個性孤僻,有社交隔離。居住於自行搭建的鐵皮屋內,無水電設備,故無法申請緊急生命救援系統。生活環境差(隨處可見飼養家畜之排泄物),居家服務也無從協助清理。領有榮民就養津貼,但經常至殯儀館拿取喪事祭品食用。種種因素都影響案主的身心健康。居服員面對案主身體不適、自我照顧能力差、不願至醫院就醫、不願至機構安養等提出抱怨,並要求更換案主。若你是督導此居服員的社工師,應如何處理呢?

- 86歲老榮民,幾天都沒接電話,警消破門進入,發現他已經斷氣,生活物品整齊地擺放在書桌上,將近十張遺書貼在臥室牆壁上,措詞強烈義忿不平,大意是警告未婚男性千萬不要娶離婚女性,她們的目的在騙得大部分款項,好照顧其前夫子女。此案主的太太曾申請家暴保護令,當地警察、榮民服務處輔導員及社工師都曾處理。案主的太太離過婚,帶著孩子再嫁給他,親子關係不佳,孩子長大就離家,也因為孩子和金錢常與案主有爭執。案主認為多年來繼子、繼女沒有盡到撫養責任,最近還把老伴帶走,要求離婚,甚至過去登記在太太名下兩百多萬存款,也被轉到繼子帳戶,他認為人財兩失,心情鬱悶。榮服處、社工師和員警多次開導,也請孩子們多注意,沒想到,最後還是沒能阻止悲劇發生。若你是此案的社工師,應如何在積極處遇與專業界線的倫理難題下,預防悲劇的發生呢?

- 案主符合老人生活津貼的申請資格,社工師乃積極鼓勵案主申請,但在取得老人生活津貼之後,案家卻因津貼使用與照顧問題產生許多摩擦,案主因此情緒不佳,也責怪社工師。請問若你是此案的社工師,要如何回應案主呢?

教學參考

課堂活動：

1. 短片放映。

2. 分組討論：選擇一個案例，小組再細分爲兩組以辯論方式，各採兩難的一方爲價值之辯護，並依此價值決定可能的行爲的好處，相對價值採取行爲的壞處。

3. 各組簡要報告。

學習作業：

1. 完成本週小組的討論記錄。

2. 爲期末報告做準備與討論（例如：採用拍影片、書面報告等方式，呈現專科領域倫理難題與抉擇）。

3. 參考社工師公會全國聯合會出版的《社工倫理案例編彙》。

CHAPTER 12
兒童少年婦女家庭領域社會工作的倫理難題

學習目標

1. 認識兒童保護、青少年實務工作的倫理難題。

2. 認識婦女家庭社會工作的倫理難題。

3. 能以情境案例討論分析倫理難題及抉擇原則、依據及過程。

前言

　　截至2014年底，我國兒童少年人口占全國總人口數的20.45％。其中14歲以下的兒童占總人口數13.98％（3,277,300人），15～19歲之少年占全國總人口數的6.47％（1,517,801人）；我國女性人數則爲11,735,782人，約占總人口數的50.08％（內政部統計處，2015）。兒少婦女人口占總人口數的一半以上，因此涵蓋服務對象眾多，機構、團體異質性高，社工服務繁雜：從兒童保護、青少年中輟及偏差行爲輔導、弱勢婦女高風險家庭扶助輔導、乃至家庭暴力性侵害防治等。社工師服務的代表性機構包括：內政部兒童之家（北、中、南區）、內政部少年之家、臺灣兒童暨家庭扶助中心、臺灣世界展望會、兒童福利聯盟、勵馨社會福利事業基金會、現代婦女基金會、天主教善牧社會福利基金會等。爲方便敘述，本書對於兒童、少年、婦女與家庭之議題，視情況簡稱「兒少婦家」。

第一節　兒童少年婦女家庭社會工作

　　我國對於兒童少年的社會福利服務有經濟補助、托育服務、早期療育服務、保護服務（受虐兒童少年諮詢、通報、救援、安置、輔導、轉介等服務措施外，並對施虐者實施強制性親職教育及提供保護個案家庭處遇服務等工作）、弱勢家庭兒童及少年照顧服務（包含社區照顧服務、家事商談、收出養服務、收容安置家庭失依、遭遺棄、受虐待、行爲偏差或從事性交易之兒童少年等）、兒童及少年性交易防制、行爲偏差兒童及少年輔導服務（司法轉介及轉向少年安置輔導、團體工作及外展服務、懷孕少女服務等）乃至兒少權益倡導等，均有各項社會工作專業服務。

　　在維護婦女權益，落實婦女政策及福利措施的目標下，則致力推動性別平等、加強單親家庭及弱勢婦女扶助與照顧。社工師則投入以下各項服務：單親家庭之諮商輔導及法律諮詢、子女課後照顧服務、單親家庭個案

管理、特殊境遇婦女家庭扶助、外籍配偶支持與照顧等。此外，家庭暴力、性侵害及性騷擾防治工作也是社工人力投入的重點，如提供被害人各項保護扶助措施、加害人處遇計畫等，同時也是高度壓力與挑戰的工作。

第二節　兒童保護及青少年實務工作的倫理難題

一、兒童

　　兒童保護社會工作處遇中經常遇到兒童與家庭間、個人與社會價值間、行政倫理與專業倫理間的難題。當兒保社工師針對兒童或案家評估時因時間急迫，接收到的訊息不完整，在推斷孩子的環境是否安全時，可能會發生誤判或錯失救援時機的情形。有些時候社工師依專業認為案主宜另行安置否則會有繼續被虐的危險，但案主不願離開家，此時會產生專業判斷與案主自決衝突的問題。當案主與社工師已建立依附關係時，面對社工師工作變動，案主難以再與另一位社工師建立關係，造成工作阻礙。另外，在評估案主現況時期需深入了解案主的資訊，有時在法庭上也須提供相關訊息，但如何顧及案主的隱私，又需爭取其權益？尤其在面對兒童虐待個案的社工師，可能要與醫療人員、警政、社政、司法相關的專業及行政人員共同工作，可能同時出現多重專業倫理衝突的難題。

二、青少年

　　青少年社會工作常常是極複雜且具有挑戰性的，在實務工作上的困難除了資源不足、社工師的能力技巧不嫻熟、案主不配合外，更要面臨現實與道德的衝突，例如：專業價值、機構與工作者之間、青少年家長與社工師之間的倫理難題等。

專業價值的衝突

　　以社工專業價值取向服務青少年，或許能同理案主的需求，但容易與社會控制體系對立；若強調以社會正義的價值來幫助青少年，又很容易在倡導權益的過程中與主流文化的價值觀相互衝擊。

　　傳統的社工觀點認爲偏差行爲的青少年是值得關懷的族群，然而用專業眼光界定他們的問題，再以符合專業的方法改善，最後以各種社會資源來控制問題，而不管被服務的青少年們是否願意，這樣的助人專業服務在後現代社會工作的理念中將之視爲是一種霸權，認爲霸權違反了對多元文化的兼容並蓄，並提出專業角色的質疑：到底社工師應該是社會控制者？福利輸送者？還是權利倡導者？

> **情境案例**
>
> 　　當學校社工師遇到以染燙頭髮、修改制服、化妝染甲等展現自我而被訓導處糾正的青少年時，社工師應讓學生適應校園的權威體系？還是要協助少年爭取自己儀容表現的自由？是要達成「護法」的價值？還是要藉由「護髮」改變環境對多元價值的包容？

與青少年家長的倫理衝突

　　在青少年工作中社工師要保護案主的隱私權，也要尊重家長的監護權，往往會遇到倫理衝突的難題。有些家長認爲自己是未成年子女的監護人，以愛心管束的立場要求社工師告知其在專業工作中的過程細節（如與案主的談話內容，尤其是社交情形、娛樂活動、對家長的想法等），希望透過社工師找到解決方法。但對案主而言，應該只有告訴社工師的談話竟被家長知道，會覺得隱私權受損，失去對社工師的信任，拒絕再接受輔導。輔導青少年的社工師也要警覺不將自己的價值介入，而偏袒衝突關係中之父母或案主的情況，如有些工作者爲了減輕風險承擔，或受到家長、學校的壓力，會將青少年的一切行爲告訴家長；也有工作者爲了維持良好

的專業關係，為案主保守所有祕密，卻忽略了家長的監護權，這些都不符合倫理精神。因此青少年社工師應仔細平衡隱私權與監護權，在人身與公共安全上選擇重視監護權，在情感與心理內涵選擇重視隱私權，才不會因為「保護」青少年反而「傷害」青少年。在專業服務開始之前就應該要向案主及家長說明清楚倫理原則，並簽定同意書，可讓彼此都有所了解，避免互相為難。

第三節　婦女家庭社會工作的倫理難題

臺灣社會變遷快速，家庭的功能和婦女的地位與以往大不同，城鄉與不同族群間的差別更大。婚姻和家庭中的問題，對於成員間的價值觀、文化背景、生活習慣歧異有很大的影響，社工師在協助婦女和家庭時需特別注意性別平權倡導，新移民帶來的文化習慣與本地家庭、社會價值、生活模式間的衝擊與調適等。

多元成家議題在挺同、反同的爭辯較勁，經公投釋憲後，同性婚姻已進入法制化階段，同志家庭對孩子成長及收養議題也是社工師面臨的服務挑戰。

在性侵害、家庭暴力、性騷擾防治的社工服務方面，需要熟悉法令、迅速精準的評估、處遇，也需要配合多重專業的流程（如警政、醫療、法律、社會、教育等），由於這類事件往往是社會、媒體關注焦點，故容易引起抗拒爭議，或遭受威脅暴力，尤其需要特別注意隱私、守密等倫理衝突。常見的倫理難題包括：

迅速通報或審慎評估

當有家暴、性侵害或性騷擾的可能，是要立即通報或是要小心求證，時間的拿捏很重要，太早怕尚未掌握證據而流為誣告；太晚怕鑄成嚴重傷害，或證據遭湮滅、扭曲。

隔離安置或信賴改善

需敏銳判斷是否有立即隔離安置的必要，有無合宜安置資源，會不會對其他人員單位造成傷害（如其他家人）等，或是經初步處理後，評估可以信賴雙方當事人有改善、修復能力，尊重其自行處理。

機構管理或案主權益

在婦女的安置庇護機構中，往往有其他緊急短期安置的婦女和兒童少年。成年婦女個人的權益、習慣（如喝酒、抽菸）、作息都會影響機構內的其他住民，甚至嚴重的情緒宣洩、自殘行為等也造成機構管理、案主權益的衝突。

案主安全、利益或案主自決

當受害人不主動求助、甚至掩飾加害行為，或為了擔心孩子的需要，回到危險的受暴環境或關係時，社工師是要為了案主的安全、利益積極干預，或尊重案主自我決定呢？

個人價值或專業價值

當面對道德淪喪、違法犯紀、態度惡劣的案主時，社工師是否能同樣給予接納、尊重並關懷其需要，不論案主是加害人或被害人。

你對於 LGBT（女同性戀者、男同性戀者、雙性戀者、跨性別者）是否了解、接納？能看見同婚家庭的需要，提供專業服務；不論你個人的宗教信仰，性傾向及價值觀。

非自願案主的權益及社工師的角色

家暴或性侵加害人處遇的團體工作是強制性的，社工師應如何徵得成員的同意、協助其配合遵守團體規範？由於案主自決權益在此類工作中是相當受限的，社工師的角色責任包括為支持者、治療者或是社會控制者。

相關法規

- 《兒童及少年福利與權益保障法》（2015 年 2 月修訂）
- 《聯合國兒童權利公約》（1989 年發布）
- 《性侵害犯罪防治法》（2011 年 11 月修訂）
- 《家庭暴力防治法》（2015 年 2 月修訂）
- 《性騷擾防治法》（2009 年 1 月修訂）
- 《性別平等教育法》（2013 年 12 月修訂）
- 《特殊境遇家庭扶助條例》（2014 年 1 月修訂）

第四節　兒童少年婦女家庭領域社會工作倫理難題的案例討論

情境案例

- 生命安全 vs. 行政程序；案主自決 vs. 專業評估

　　21 歲案主小霜目前在大學就讀。案主國小時曾因家人重病，母親將她委託給阿姨照顧，兩到三年期間斷斷續續住在阿姨家，姨丈多次趁她入睡時撫摸她的下體，後來甚至以手指侵入小霜下體。這種行為共有十餘次，但在姨丈恐嚇下，小霜一直不敢告訴父母。國中時，小霜曾向母親傾訴，母親疼惜她，不再讓她去阿姨家住，但怕影響阿姨一家，選擇不揭露。近日家族喜事聚餐，小霜與姨丈同桌，整個情緒崩潰，躲入廁所哭泣。之後，不斷想起被性侵的情境，出現失眠、恐慌，有輕生意念，課堂出席及成績大受影響，並且在宿舍吞藥被同學發現，由導師通報學校輔導中心，學校進行責任通報。小霜及父母抗拒進入司法調查，小霜也不希望新交往的男友知情。

討論

　　從義務論的觀點來看，社工師通報有其專業職責，除考慮服務對

象的利益與需求外，更需要考量法規與機構要求，否則有失職之虞。從目的論的觀點，則在考慮通報後，警調程序對小霜是否能達成最大效益？（侯淑茹，2015）

依雷默倫理抉擇過程：

步驟一：釐清倫理議程

· 生命安全 vs. 行政程序

小霜有情緒困擾與自殺行為，應以保障案主人身安全為首要目標，而家內亂倫和性侵案件，常有被害人及家屬抗拒正式資源介入，政府部門基於公權力職責及法律規範，需立即啟動檢警介入，此現象經常是行政程序的要求更甚案主特殊需求的考量。

· 案主自決 vs. 專業評估

小霜個人陳述的需求，期待學校輔導人員、社工人員協助她情緒困擾與自殺意念的控制，對於早年被性侵害事件並不願接受協助；而社工師的評估若要解決小霜的情緒困擾與自殺意圖，或許更該面對性侵害的創傷，藉由創傷輔導得以改善，並對加害人也有機會調查、懲治，預防再犯。

· 隱私保密 vs. 適度揭露

小霜不希望男友知悉早年受性侵的事，然而小霜在校生活，男友是她密切互動的對象之一，若男友無法得知事實真相，對小霜而言是助力還是阻力？

步驟二：找出可能影響的個人、團體與組織

小霜、小霜父母、男友、阿姨、姨丈、社工師、諮商師、社會局、大學等。

步驟三：找出可能採取的行動

步驟四：審慎檢視贊成／反對行動的理由

行動1：尊重小霜和家人的決定，以情緒輔導、自殺防治為要，不通報早年性侵事件，不告知男友。這個決策符合倫理守則的案主自決、尊重生命的原則，可以與服務對象維持良好

關係，協助小霜度過此階段的情緒困擾，以維護人身安全為首要。然而，有很大的風險在於社工師有可能違反法令及機構規定，而有「瀆職」或「失職」之虞。對服務對象來說，未處理小霜深沉的傷痛，將來再有其他困擾或遇見姨丈會有更大的創傷反應，並非她的最佳利益，而且對於加害人未指認處遇，也有違公平正義原則，及增加社會風險。

行動2：依法令規定將小霜的案件送警察機關調查，這時社工師必須先與小霜及她的父母進行風險評估，說明社工的角色與職責，對於非告訴乃論的性侵害案件，要啟動檢警系統偵辦的意義，防止加害人造成更多受害者；小霜也可納入系統協助，獲得深層治療。但可能的風險是案主覺得社工違背其意願，破壞了專業信賴關係，而且長時間的司法調查、親屬間的家族壓力、隱私被揭露，司法結果不確定等，都可能引發小霜更大的情緒反應甚或輕生。

步驟五：徵詢同儕及專家的意見

督導可澄清社工師的價值與認知，對於機構決策方向，以及案件特性等，都能提供專業意見。建議社工師以三個月作為評估處遇期，之後再通報司法調查；必要時更要納入法律、心理等專家進行案例研討。

步驟六：做抉擇並記錄其過程

初步先選擇行動1，將重點放在關係建立，危機處遇。小霜接受定期諮商及就醫用藥。同時將法令規定、可能發生的風險，詳細告知小霜及家屬。在信任關係建立，小霜症狀減緩，到小霜和家屬能接受通報進入司法程序的這段期間，都進行詳細的紀錄。

步驟七：監督、評估與記錄抉擇的結果

決策過程紀錄且進行短期、中長期追蹤結果的記錄。對社工師來說，可以清楚個人倫理決策的脈絡，有助於社工師反思，督導協助，

日後如有爭訟，也可保護社工師免於被提告瀆職或失職，案主也有權利知道社工師是審慎做倫理抉擇及後續處遇方向。

　　另記：跨領域的個案，「團隊決策」是必要的處遇策略，可召開「特殊個案會議」，此案若進入司法程序，也有可能面臨「超過刑法追訴時效」、「證據不明」情境，獲不起訴或無罪判決結果之風險，讓案主與家人明白風險，在案主無立即生命危險之前提下，履行案主自決之權利。

可參考侯淑茹（2015）。程序正義與案主人身安全議程之衝突：以家內性侵案件為例。出自秦燕主編（2015）。社會工作倫理案例彙編第三輯。21-40頁。中華民國社會工作師公會全國聯合會。台北市。

情境案例

• 隱私保密 vs. 告知權益

　　10歲案主在前一個寄養家庭時，被發現有偷竊的行為。而社工師在為案主安排下一個寄養家庭時，很為難要不要告訴寄養家庭，案主曾有不當的行為。

討論：

　　寄養家庭制度，對於親生家庭發生重大變故的案主來說非常重要，當家庭因父母罹患重病、入獄或發生虐待、疏忽的問題時，案主無法在原生家庭受到合適的照顧，此時經由社會福利團體徵求、評估、訓練之愛心家庭即可提供暫時的家庭照顧。讓案主有機會等待原生家庭的重建，在過渡期間內能得到合宜照顧，使身心正常發展。

　　對於案主來說，家庭變故是非常大的打擊，經歷親人分離、面對新的家庭環境的適應，可以想見其艱難程度，尤其不適應的案主，可能會經歷多個家庭的寄養過程。而寄養期間不論是對案主、寄養家庭及案主原生家庭都需要提供合適的專業服務。

　　此案依據社工倫理守則第二章第1.6條，案主的情況並不在保密

除外的特殊情況，因此對於寄養家庭，社工師有告知案主基本資料的義務，使其能認識案主、盡快協助案主融入寄養家庭，但不必提出偷竊的事例，可保有案主隱私，讓案主有機會在新的寄養家庭中重新開始，且寄養家庭受過培訓，對於兒童青少年問題處理有基本的認識與處理技巧。但在事前仍要與案主仔細溝通，了解其壓力需求、協助處理，提醒其把握新的寄養機會，不可再有偷竊行為，並加強案主及寄養家庭的訪視輔導，協助案主對新寄養家庭的調適。

情境案例

• 案主安全、權益 vs. 案主自決 vs. 公平正義

　　案主謝小姐，40 歲，女性，育有一名就讀高一的兒子。三年前因家暴與前夫林先生離婚，並取得兒子監護權達三年，但期間前夫不斷以探視兒子為由騷擾案主、要求復合，故只得將兒子監護權交給前夫。然而前夫卻變本加厲，寄送毆打兒子的影片，要脅謝小姐返家。若你是謝小姐的社工師，應如何協助？

討論：

　　輔導家暴受害婦女的社工師面對案主的掙扎：想要為了保護孩子回到施暴的前夫身邊，又害怕其會再度陷入暴力的殘害；想要把前夫用來要脅的錄影帶交給警察，又怕前夫會為此坐牢，日後反而更殘酷的報復她與兒子。社工師面對案主的兩難，要協助她分析面臨的倫理難題做抉擇。可以從她的想法、價值、概念中去了解她重視的事物，以及各種抉擇的利弊得失。

　　案主的概念中，母親要保護孩子，尤其孩子是她將之送回，因自己不願復合，孩子才會受苦，因此認為自己應該要回到前夫身邊解救孩子（義務論）。社工師可幫助案主看到前夫施暴是其錯誤的犯罪行為，不是案主要為之負責，應思考怎樣才能解救並保護孩子（目的論）。最後分析：短期來看，案主回家、前夫消氣、孩子不被打，但可

能只是讓案主再度陷入暴力，或是將來更因此要脅方法有效，而不斷重複，讓案主不能離開暴力環境，孩子也長期在暴力下生活，反而產生心理創傷反應與外顯行為（規則效益論）。

因此，社工師可以向案主澄清前夫的錯誤不需要由案主背負，而將錄影帶做為物證，不僅可以讓孩子立即脫離前夫的監護，且長期來說，前夫可因此接受家暴加害人處遇，或許能有所反省改變。此外，也應提出根據法律（《家庭暴力防治法》第50條、社工倫理守則第二章第3.5條、1.6.d項）必須通報主管機關，這也是為了維護案主及兒子的權益。

配套措施是要教導案主自保，安排案主和兒子新的生活，及身心復健。事實上，現在已不將加害人只視為犯罪的惡人，很多案例的加害人以往也曾是受害人，關切加害人的問題和需要，除了其要為傷害的行為負責，接受法律處罰外，也要給予醫療和協助，幫助加害人走向健康的行為和家庭親子關係的修復，或至少讓可能的傷害減到最低。

在本案仍要注意多重專業合作的倫理議題，可預見未來至少會有多個不同角色的社工師同時協助這個家庭（如家暴、兒保、加害人的社工師等），如何在各自的處理以外，相互的協調合作，倫理難題與抉擇是持續會存在的挑戰。

此外，值得注意的議題是社工師在協助案主遠離侵害時，可能遭受加害者的恐嚇威脅或肢體暴力，社工師的人身安全應如何保障？這是社工師、機構、政策都還需要再加強規範的，可讓社工師在發揮道德勇氣、協助弱勢、捍衛社會正義時，能少有後顧之憂。

結語

兒少婦女家庭社會工作服務對象眾多、服務項目繁瑣、相關法令複雜

多變、危機個案處理常有時效性及高衝突性、服務場域常要深入家庭社區，是高壓力的社工實務，也有諸多的倫理難題。故社工師需要更多的訓練、督導、自我覺察、倫理操練與增權實踐。

情境練習

- 小珍因家庭關係不佳而經常於撞球間流連往返，也養成了抽菸的習慣，同時因為無法忍受菸癮而在學校抽菸、甚至翹課跑到撞球間，被學校發現，遭到記過處分。社工師淑慧在從事外展工作的時候，在撞球間認識小珍。小珍向淑慧表示，自己曾經想要戒菸，但是戒菸之後身體感到非常不舒服，所以就放棄戒菸的念頭。淑慧每週會和小珍在撞球間見面一次，她允許小珍在和她見面時可以抽菸，但是在學校絕對不能抽菸，也不能因為想抽菸而翹課。長期下來似乎有一點效果出現，但是小珍和淑慧見面時，仍然需要抽菸。某天學校老師剛好也到撞球間，他見到這種情形非常不滿，大聲斥責小珍之外，對於淑慧的處理方式也給予嚴厲的指責，而小珍則是對學校老師不僅不給他面子，還辱罵她的好朋友，而感到相當憤怒。若你是淑慧，會如何處理呢？

- 軍校輔導室的社工師漢良，輔導一位校方認為適應不良的學生，該生雖在上課時因緊張常出錯，但沒有觸犯退訓的校規，不過學校教官的教學經驗認為該生不適合擔任未來的職務，希望漢良能以專業的方法勸說該生自動退訓。經過數次會談，案主明確表達希望繼續接受訓練，依專業立場，漢良告知校方不應將案主勸退，並說明會輔導案主往期待的目標努力；但校方認為萬一該生結訓後執行勤務時發生狀況，會是很大的社會損失。漢良因此面臨了倫理兩難，是否應該協助案主完成夢想？萬一以後發生問題，社工師能負責嗎？如果配合校方的要求是否合乎倫理？

- 社工師懷疑案母仲介案主從事性交易獲利，但案母卻矢口否認，雖

然警方也已經在注意此家庭，但社工師無法證明案母有此行為。社工師與機構主管協商後，主管為了維護機構聲譽，避免因此導致大眾捐款意願降低、影響其他案主的權益，故要求社工師結案。請問社工師在此案例中遇到的倫理難題為何？

- 案主小玲為單親媽媽，其有一子由案主父母照顧。案主在安養中心擔任照顧服務員，進而與照顧對象之子發生感情，二人同居且案主懷有身孕。然而同居人為有婦之夫，本身育有三名子女。案主父母得知此情形後非常不諒解，以不繼續幫忙照顧案子，且要斷絕親子關係為要脅，逼迫案主墮胎。案主在懷孕初期，因體內出血，致需就醫、休養，無法繼續從事照顧服務員之工作，頓失經濟來源，但同居人表明既無法認領，亦無法提供小玲及子女後續生活照顧。小玲因此求助社工單位，擬申請相關補助，兩單位之社工師同時介入，對案主之輔導及補助有不同看法。若你是其中一位社工師，應如何與另外一位社工師協調處理？

教學參考

課堂活動：

1. 短片放映（如家暴性侵害防治委員會兒童局宣導短片）。

2. 分組討論：選擇一個案例，小組再細分為兩組以辯論方式，各採兩難的一方為價值之辯護，並依此價值決定可能的行為的好處，相對價值採取行為的壞處。

3. 各組簡要報告。

學習作業：

1. 完成本週小組的討論記錄。

2. 為期末報告做準備與討論（例如：採用拍影片、書面報告等方式，呈現專科領域倫理難題與抉擇）。

3. 參考社工師公會全國聯合會出版的《社工倫理案例編彙》。

CHAPTER 13
間接服務的倫理難題

學習目標

1. 認識服務輸送中行政工作的倫理難題。

2. 認識督導與管理的倫理難題。

3. 認識促進專業發展、社會倡導的倫理難題。

4. 能以情境案例討論分析間接服務的倫理難題，及抉擇原則之依據與過程。

前言

　　社會工作是實作專業，提供需要者高品質的專業服務是社工師的使命。除了直接面對服務對象以外，尚需諸多的間接服務周全支撐，才能順利落實有效助人。不同組織特色、工作任務及位階高低有不同分量及內容的間接服務，本章以基層社工師及中階社工督導主管為對象，探討間接服務倫理，敘述國內外間接服務倫理議題爭議焦點，並以實際案例分析倫理難題及抉擇過程。

第一節　間接服務倫理

　　間接服務倫理是指直接服務以外的行政管理、教學、研究等領域。對案主之外，對同僚、對實務機構、對專業、對社會大眾等各部分也都是廣義的間接服務。

　　依據社工倫理守則，將間接服務對象之倫理重點分別說明如表 13-1。

▲表 13-1　間接服務對象之倫理重點

對　　象	倫　　理　　重　　點
同僚	• 尊重同僚，彼此支持、相互合作。 • 轉介倫理。 • 當同僚與案主有爭議，維護案主權益與同僚合理之專業信任。 • 協助保障同僚合法權益。
實務工作	• 政策的推展，增進效能、資源分配。 • 督導倫理。 • 服務紀錄與保存。 • 有效呈現工作成果，爭取合理工作環境。
專業人員	• 不斷進修努力，提升社會工作專業知能。 • 包容多元、防止歧視。 • 嚴禁參與違法活動，並注意自我言行。 • 加入公會，推動社會工作專業發展。

社會工作專業	・提升社會工作專業形象。 ・致力專業的傳承，促進社會福利公正合理的實踐。 ・研究、出版，致力於社會工作專業知能的發展。 ・促進社會工作專業制度建立。
社會大眾	・倡導人類基本需求的滿足，促使社會正義的實現。 ・致力社會公益的倡導與實踐。 ・面對因災害所致社會安全緊急事件，應提供專業服務。 ・協助受壓迫、欺凌者獲得社會安全保障。 ・促使政府、民間團體、及社會大眾履行社會公益。

第二節　倫理議題爭議焦點

一、國外

　　雷默以美國的實際案例整理，將間接服務的難題由最普遍的依序列舉如以下六項（包承恩、王永慈，2011/2006）：

1. **有限資源的分配**：怎樣分配才符合分配正義？是均分、先來先分、抽籤決定，或是依據需求量來分，弱勢的、受剝削的優先？

2. **政府與民間部門對社會福利的責任**：政府在社會福利所負的責任有多大？家庭和民間部分的責任有多少？彼此間是夥伴關係還是敵對關係？

3. **對於法律的遵守**：公部門的社工師謹守依法行政，民間部門社工師面對有爭議的法規或行政命令時呢？當面對法規命令與專業價值衝突時呢？

4. **勞資爭議**：社工師遭受不平等待遇要不要參與罷工抗議？要不要向資方或政府爭取權益福利？

5. **研究與評估**：社工師做臨床研究、需求評估，或運用其他人的實證或研究文獻，是否做到知情同意、保護研究與評估的參與者，顧及案主的需求和權益，以及尊重智慧財產等？

6. **揭發同僚或機構、團體的不當行為**：當同僚做出不合倫理的行為，面臨是否要指正其不當行為、是否向督導主管或其他單位舉發？尤其對象是

主管或負責人時更是不易，如何評估案主的權益、機構信譽與自身的危
機？

二、國內

　　我國於2009年由社工師公會辦理多場分區倫理研討及座談，綜合其
中實務工作者表達的間接服務難題，分為行政工作、督導和管理、教學研
究、社會工作專業發展，與社會大眾認可等五大部分，說明如下：

（一）服務輸送中的行政工作

1. **服務品質與服務量的取捨**：為了衝高業務量必須承擔過重非規劃的
   業務量而犧牲了服務品質；或是堅持合理業務量與服務品質，但讓
   需要的案主等待或無法接受服務，或讓其他同仁承擔過重的業務？
   - **討論**：兼顧服務質量，要有個案分級概念及機制，將重點放在緊
     急危險、需要密集服務的個案，針對高、中、低危險的個案有不
     同評估指標、提供不同程度（時間、資源運用、技巧）的服務，
     並定期檢視、調整分級之歸類。筆者很早就將重點科別的工作方
     法運用於醫務社工師中，將社工師的時間、心力花費於重點工
     作，以能完整、系統性與專業的執行並整理呈現成效。應滿足基
     本要求的量，雖然不能全部達到最好的服務品質，但可在最需要
     的個案和方案中求精。
2. **接案、轉介、轉案、結案的考量**：社工師是否真正按照案主的需
   要，決定接案、轉案、結案的指標且落實執行？或是因工作成果要
   求、經費限制等因素而決定接案、轉案、結案？此外，轉介是否已
   獲得案主同意且與對方機構做好聯繫？
   - **討論**：個案工作是社會工作的基本，機構要先訂定清楚的接案、
     轉案、結案的指標，定期評估、檢討調整，這是專業基本能力的
     展現，務必要落實完成。社工倫理守則第二章第2.2、3.4條對轉

介的時機、過程與注意事項有所規範，社工師應參考並遵守之。

3. **支援、代理、分工合作的考量**：為什麼一直都要負責代理同一位同僚的個案？代理原因包括：結婚、生產、讀書、受訓等，代理的工作接續不斷讓代理人心生不平，同時繁重的代理任務是否讓案主能得到足夠的服務？

   - **討論**：根據社工倫理守則第二章第2.1條，社工師有義務與專業同僚合作，共同增進案主的福祉。支援代理是最好的合作表現，機構的代理制度應由平時讓業務相近的社工師相互了解做起，進而互為代理。代理人要能確實為案主服務，不能只是說「負責的社工師不在，下次再來」。在無法兼顧本身工作與支援代理時，要向督導及主管說明，爭取調整，但也要為案主、同僚和機構狀況考量。

4. **評鑑的準備**：社工師接受主管機關業務評鑑時，是否認真準備？資料是否確實？有無誇大灌水、避重就輕，或遮掩缺點？

   - **討論**：根據社工倫理守則第二章第3.5條，社工師應格遵法律規範，忠實有效的呈現工作成果。

5. **呈現工作成果、爭取合理工作條件**：社工師有無確實依據實證資料統計分析，呈現工作成果？是否有浮報求得更多補助、給付？是否依照工作成果要求機構多配置符合評鑑標準之人力設備？

   - **討論**：根據社工倫理守則第二章第3.5條，以真實的工作成果爭取補助或要求人力都是合宜的。

6. **紀錄、報表撰寫與保管、審閱、修改。**

   - **討論**：根據社工倫理守則第二章第3.3條之說明，案主之相關記錄應正確記載與妥善保管。因此機構應有適當上鎖的檔案櫃或檔案室，及調閱規定程序。社工師及督導都要確保記錄的時效和確實性。

（二）督導和管理

1. **在職訓練、進修與單位成本。**
   - **討論**：辦理在職訓練和讓社工師在職進修，都是提升專業品質服務所需要的，但是要考量公平性、必要性，及可能增加的單位成本。尤其是社工師進修期間的替代人力是否能妥善規劃、執行任務，或有排班困擾。

2. **同仁個別需要與機構任務、成效**：當同仁有個別的健康問題（如慢性疾病）、家庭問題（如小孩需人照顧）、發展問題（如自行進修）等，而督導又面臨機構任務成效的要求與壓力。
   - **討論**：督導的責任在於協助員工發揮能力、完成機構任務，在不影響機構的時間及範圍內，應盡量協助員工處理個別問題（如直接輔導、提供資訊與轉介資源等），但仍需以機構任務為先，並應協助爭取機構在員工醫療、休假、進修等方面的福利提升。

3. **案主權益與同僚權益；機構信譽與專業形象**：當同僚（包含主管）有不當行為時（如不合宜的專業關係、不當的資源使用等），經過暗示、明示都不見改善，則可能損及案主權益或同僚權益，是否要向上級主管單位或專業團體、公會、協會舉發？會不會破壞機構信譽，或影響社工師專業形象？
   - **討論**：社工倫理守則第二章第2.4條，應協助保障同僚合法權益，而非保障同僚的不當行為，姑息不當行為可能會使該行為繼續或更加嚴重，戕害案主權益。若因事態嚴重才被舉發，長期來說更是破壞機構信譽、影響專業形象。故社工師要有道德勇氣，能智慧的處理（取得證據依序向督導→主管→公會的程序舉發）。

4. **承接方案與機構宗旨、人力、設備、資源、能力的考量**：為了爭取經費及機構能見度，或不願拒絕人情壓力，在不符合本身機構發展宗旨及現有人力、能力、設備資源等條件之下，勉強承接特殊方案。

- **討論**：根據社工倫理守則第二章第3.1、3.2、4.1條，社工師要勇於任事，接受新挑戰、新任務。若在推展社會福利業務時，發現人力、能力、設備資源不足等，要提出爭取。現在政府委外的福利服務方案都有承接的標準，可依此在期中、期末檢討時，忠實呈現，作為改善或申請資源的依據。

（三）教學研究

1. **帶領實習的專業使命，與過重負荷。實習內容、督導方式和態度。**
   - **討論**：實習制度是實作專業養成的重要階段，實務場域提供學生實習環境及擔任機構實習督導確為社工專業使命之一，但面對過重的工作負荷，常會拒接實習，或限制實習內容、疏於督導。
   在專業發展過程中，教導培植後進是責無旁貸的工作，機構應將學生實習、機構代訓、新進人員帶領及督導等列入工作內容、合理規劃。同時合作之學校應有良好的配套措施，以及合理的教學報酬。

2. **研究與評估。**
   - **討論**：研究與調查評估是提升專業水準的方法，也是社工師的專業使命，但對實務工作者來說經常較排斥此項挑戰。此外，實務性的研究，會牽涉到案主意願及機構之資料使用等，宜參考社會工作研究倫理，這也是學術與實務值得探討合作之重點。

（四）社會工作專業發展

1. **權益爭取活動的參與推動拿捏（專業利益與機構利益）**：社工師總是在為案主賦權、爭取弱勢案主權益。在專業發展中，社會工作是弱勢專業，在本身專業的權益爭取顯得躊躇不前，尤其在面對社工專業的爭取與機構的權益有所衝突時。例如：醫療品質促進聯盟爭取醫事相關人員評鑑人力的抗議遊行，即使是保障病人醫療品質，但因考量醫院成本而遭遇醫院行政的杯葛勸阻，醫務社工師即使以

專業團體代表的身分參與，亦會有倫理的衝突。

- **討論**：根據社工倫理守則第二章第5.4條，社工師應義務致力於促進社會工作專業制度建立，發展社會工作的各項措施與活動；第6.5條，應促使政府機關、民間團體及社會大眾履行社會公益，但仍應衡量自身角色及工作環境，在能力許可下參與。

2. **加入公會工作與個人負擔及機構態度**：加入公會或社工專業團體無給職的工作，是對社工專業的投入與允諾，然而在繁重工作及家庭責任下，卻也是經濟、體力、時間的負荷和拉扯。

- **討論**：這是價值的取捨，本職工作、家庭責任之外，能者多勞，也是勞者多能。

（五）社會大眾認可、政策立法推動

1. **面對專業競合、外界對社工師的批評之態度的表達**：多重專業競合的場域，面臨團隊合作及提升本身社工專業的衝突。當社會大眾或媒體對社工的不當行為批評時，是要跳出來辯解、承擔，或默認淡化？

- **討論**：社工師應充實自己、肯定自己，適度勇敢的表達。把握時機、積極爭取，言之有物，態度堅定謙和，持續跟進。

2. **緊急災害專業服務的提供，與日常工作生活的取捨和平衡。**

- **討論**：根據社工倫理守則第二章第6.3條，社工師面對災害所致社會安全緊急事件（如水災），應提供專業服務。當社會有重大災害時，社工師常面臨政府、專業組織、機構的徵調，前往提供災害服務，但原有工作任務及家庭照顧往往是相互拉扯的倫理兩難。

3. **如何促使政府、民間團體及社會大眾履行社會公益？**如何做、有效的做，更是大哉倫理難題。

- **討論**：社會倡導、社區倡議行銷、爭取社會對弱勢族群的關懷、接納、權益保障是要持續努力，並要講究創新方法。以專業團體

代表或弱勢族群代表積極加入政策、立法推動是更有效的。未來參選民意代表、競選公職，亦是發揮促進政府、民間團體及社會大眾履行社會公益的有效途徑。而這期間與地方社群、社會利益團體、政治團體之間的角力和關係拿捏，亦是倫理難題。

4. **公部門社工師與督導的倫理議題。**

- **討論：** 在間接服務中，公部門的社工師角色多重，如政策的執行、緊急救援的角色，以及個案管理者及監督者等。公部門特有的行政權力，易使社工師在無形中被權力侵蝕而不自知（周宛青，2010）；政府科層組織與社會工作專業結合有法源作為依據，雖可使社會工作者在工作時有所參照，更可保障案主權益，但卻潛藏著經常面臨福利無法到位之危機。身處民眾、民意代表、局裡長官等政治氛圍中之社工師，可能遭遇社會工作專業的評估與裁量權似乎蕩然無存之困境（李宛亭，2011）。因此，唯有回歸自身，透過自我省思，對自身價值有更進一步之認識，堅守信念、加強溝通協調技巧，以專業倫理為己任，在提供案主服務歷程中同理案主，做好倫理抉擇。

  身為督導者則應對以下的幾個議題特別注意。包含：

  1. 提供資訊協助受督導者取得被服務案主的同意。

  2. 指出並回應受督導者的錯誤。

  3. 保護案主以外的第三者不受傷害。

  4. 覺察、制止不合適的處遇計畫或活動。

  5. 決定案主是否需照會或轉介其他專業人員。

  6. 定期進行督導，留下督導紀錄。

  7. 審核受督導者的工作記錄，批閱及指導改進。

  8. 安排職務代理人提供持續合宜的專業服務。

  9. 安排對受督導者提供完整的訓練，包括社工倫理、專業技巧、相關法令、評估工具以及結案等。

5. 與媒體互動的倫理議題

媒體在社會工作的發展歷史中，一直扮演積極的角色，在資源連結開發、新觀念的倡議、公平正義的爭取是重要的推手，即使在福利服務的宣導、基本個案團體、社區工作的實施上，社會工作者也與媒體有諸多互動連結。

然而，本世紀以來，媒體有了巨大的轉變，傳統的平面、廣播、電視媒體之外，網路世界翻天覆地的進展，新媒體可以是互動性、連結性和即時性的，Google、Facebook、Youtube、Instagram、Line 等工具載體和演進，讓傳播內容也改變，文字、圖片以外，更有影音直播。

媒體變革影響了人們的生活，也影響了社會工作，在專業服務的同時，保障服務對象和權益，謹守知情同意、隱私保密，維持合宜專業關係更具挑戰。這也是為什麼在社工倫理守則修訂時，特別增加第二章1.8、1.9 與5.4 有關運用社群網站以及與媒體互動時社工師的守則。國際社會工作學院聯盟（IASSW）也在2018 年發表社會工作使用社群媒體的倫理原則聲明，提醒數位科技和社群媒體使用須防範隱私保密、身分驗證、服務普及、知情同意、教學品質的潛在風險（https://www.iassw-aiets.org/archive/ethics-in-social-work-statement-of-principles/）。

社會工作師宜提升自己數位能力，管控好個人、機構、在網站上的資訊正確合宜，不宜有高度個人化的資料，不討論工作及服務對象，避免網站搜索服務對象資料；表達個人立場及機構規範「不加服務對象為好友」，以維持專業關係。若機構透過在線服務，應確保有驗證案主身分、位置、隱私保密、知情同意等機制。

督導要教導督察受督導社工的社群媒體使用倫理。機構和專業團體也應加強媒體與社會工作實務的倫理研習訓練。

相關法規

• 《行政程序法》（2013 年 5 月修訂）

• 《行政罰法》（2011 年 11 月修訂）

• 《訴願法》（2012 年 6 月修訂）

• 《公務員懲戒法》（2015 年 5 月修訂）

• 社會工作研究倫理——建議版（2011 年 11 月 12 日社工專協理監事
會議通過）。

第三節　間接服務社會工作倫理難題的案例討論

情境案例

• 督導角色 vs. 民代媒體關係

　　女童遭父親性侵害疑雲，檢方因證據不足對其父做不起訴處分，
父母在一名立委的陪同下召開記者會，要求家暴性侵害防中心讓女兒
回家。女童結束六個月的安置後返家。

1. 因檢察官不起訴處分，家長在立委的陪同下，召開記者會控訴家暴
中心仍未讓孩子返家，家暴中心該如何回應？

2. 該事件爆發後，部分平面媒體，擅自公布女童個人資料，已嚴重侵
害女童之隱私權，是否針對媒體開罰？後續會不會因為與媒體互動
關係變差，而造成媒體一直寫家暴中心的負面消息呢？

討論：

　　家暴性侵保護業務的第一線社工，承擔很大的壓力，留任意願
低，督導的支持是最有效的抗壓因應。此案家暴中心的督導或主管應
挺身而出，回應家暴中心已做專業的評估及處理，並做家暴性侵的宣
導。檢方既已做不起訴處理，應再檢討評估，無立即危險則依女童和
家長的意願安排返家，但仍需有配套追蹤輔導案主家庭的措施。媒體

違法報導被害人隱私資料，應按程序提委員會審查認定後予開罰。

民代與媒體是現在民主社會的權力擁有者，影響公部門的預算及民眾觀感、輿論壓力，能幫助或壓迫社工師專業職權及專業形象。近年社工師教育訓練已重視及加入對社區領袖、新聞媒體的認識與互動之道，社工師公會的處理及倫理研習會也加入此項主題。一般來說最大的衝擊在民代以民意為由，強壓社工師專業判斷與處遇，媒體以聳動故事的社會新聞報導方式危害社工師最在意維護的倫理等，從而侵犯社工倫理之案主隱私保密與案主自決。

因此，社福機構從上到下都需要接受倫理訓練，並做好相關準備，如個案資料記錄小心存放、認識民代及媒體運作特質，平時多作互動溝通等。回應訪問時應坦誠但表明專業倫理保密、自決的守則，若遇到重大新聞社會關注事件則統一由發言人、公關或督導說明，要善用民代媒體成為社會工作的有效資源。

情境案例

• 勞資爭議 vs. 揭發不當行為

某私立老人長期照顧中心遭檢舉餵食住民過期食品。檢舉人表示離職前的工作是烹煮老人食物，是將食品煮成泥狀、或打成汁，交由照護員餵食，但冰箱內提供的多是塑膠袋裝的剩菜剩飯，懷疑負責人收購便利超商過期便當，拆掉外盒再裝進塑膠袋。市府前往稽查時亦查獲過期的食品，但因為無法確認是否有餵食的事實，暫時無法開罰。

1. 負責人稱過期食物是要餵流浪狗，且部分食物是案主家屬所準備，但離院後員工忘了清理。

2. 負責人表示檢舉人是因與其他員工有糾紛，尚未能安排調解，就說要離職，且隔天就爆發檢舉事件，懷疑檢舉人之動機不單純。

3. 社會局老人福利科指該長照中心是合法立案機構，有要求其嚴格管控食物衛生安全，若查證確有讓長者食用過期食物，將另依《老人

福利法》四十八條處以十萬元罰鍰。不過,經詢問兩位住民,皆表示長照中心的食物還不錯。

討論:

　　長照中心老人、身心障礙機構的需要性,隨著人口老化及政府推動長期照顧的政策,會愈來愈多也愈重要,合法立案、提供住民妥善身心照顧及社會參與的機會,是基本職責,員工的管理帶領也非常重要。如果在機構中服務的社工師發現機構有不法、不合理的情事,應本於倫理提出諫言,提醒改善,協助員工間的紛爭調處、溝通,促成團隊合作等,面對主管機關的調查則要依職權真實回應。

情境案例

• 關懷員工 vs. 績效考核

　　督導發現已工作三年,以往表現良好的社工因感情問題、家庭經濟負荷,致多次遲到、曠職、疏忽工作、延宕撰寫記錄等,經半年督促規勸仍未能改善。主管要求督導提出下年度因機構縮編而不續聘的名單,督導是否將該名社工師列入呢?

討論:

　　依倫理抉擇步驟說明如下(步驟的說明請參考第10章)。

步驟一:確認倫理難題。督導應關懷員工,尤其他以前表現良好,只是因個人事件才影響工作。然而社工師要能對案主有效服務,若經輔導仍未能達到工作標準,已經是危害案主的權益。

步驟二:指出可能被倫理抉擇影響的對象,包括:社工師及其家人、被服務案主、督導、其他同事、機構。

步驟三:嘗試找出各種可能採取的行動及參與者,並評估各種行動的利弊得失。

　　　　•方案1:與社工師認真討論,告之機構狀況及要求,說明社工師因無法達到工作標準,將列入明年不續聘名單。

(1) 優點：案主服務不被忽略、機構效率提升，按照當前工作表現決定不續聘名單，對所有社工師公平對待，日後易於管理。

(2) 缺點：社工師失業對其又是打擊，對家庭經濟也有不利影響。

- 方案2：向主管誠懇說明社工師目前的個人困難，希望再給其續聘機會。

(1) 優點：展現督導關懷、機構照顧的美意，社工師有機會奮發圖強，再努力工作。

(2) 缺點：案主服務品質不能保證，若縮編勢在必行，其他遭不續聘處理的人員會不服，且有失公平。

步驟四：審慎檢視每種行動的理由。根據社工倫理守則第二章第2.1、5.1條與第一章第四條第4款，督導應採方案1，以符合增進案主福祉、提升社會工作專業形象及服務品質，與尋求案主最佳利益。若根據社工倫理守則第二章第2.1條，採方案2能做到尊重同僚，彼此支持、相互激勵。

由倫理理論、原則、指導方針來看：

1. 義務論：社工師應關懷案主（採方案1）；社工師應關懷同僚（採方案2）。

2. 目的論：

(1) 行為效益主義（短期結果）：完成主管交付任務，公平擬定不續聘名單（採方案1）。保全社工師工作機會，在機構內療傷、改善（採方案2）。

(2) 規則效益主義（長期結果）：採方案1可確保案主服務品質，機構成效信譽及員工管理，但有可能社工師受創、導致家庭困境。採方案2可讓社工師努力改善、度過難關，培植優秀人才；但有可能不見改善，招致案主控訴、主管單位裁罰、其他員工不滿。

衡量結果傾向採方案 1，以案主權益為先；且牽涉受影響的人較多；採方案 1 能在較多層面獲得保全。但應清楚向社工師說明機構現況困難，肯定社工師以往表現、未來潛力，並協助社工師先休息，或轉介資源及其他可增加收入又不牽涉案主之工作機會。若採方案 2，則應努力爭取其他方案及資源，減輕機構財務困境，如此可以不減少員額；或徵得社工師同意一起向其他員工誠懇說明，請大家協助此階段的工作，及了解是否其他人有更好的生涯規劃等。

結語

間接服務是社工實務的一部分，隨著相關人、事、物、規模、接觸界面及職務位階的提升，會使間接服務的倫理難題更為多元複雜。社工師應對行政工作、督導管理、促進專業發展與媒體公關、社會倡導等倫理難題有所認識、審慎處理。

情境練習

- 某基金會遭到民眾舉發，將社會大眾捐助給南亞海嘯地震的善款占為己用，機構為了鼓勵員工募款，以「業務車馬費」的名義，讓他們抽取 15％ 的佣金。記者拿著離職員工提供的簽呈詢問機構，總幹事對於指控一概否認，還強調有簽呈但是並沒有核准。請問此機構在勞資爭議與責信正義之間，面臨什麼樣的難題？

- 評鑑在即，主管要求社工師偽造工作成果及記錄，以符合政府的採購契約規定，否則方案會被扣款且無法繼續申請下年度經費，機構營運生存將會有危機，如此一來，就勢必要請社工師離職。請問此案例中的社工師在誠實與機構存續的難題間，應如何拿捏？

教學參考

課堂活動：

　　1. 短片放映（雷默的演講）。

　　2. 分組報告（專題影片呈現，並提出問題討論）。

　　3. 小組討論及回饋。

　　4. 各組回饋。

學習作業：

　　完成本週小組的討論記錄。

第四篇
社會工作倫理的重要議題與
未來展望

　　社會工作倫理這門學科剛開始發展，未臻成熟；社會工作專業制度在我國建制未久，許多地方尚待突破。然而因應社會變遷、社會問題叢生，對社會工作的需求不斷擴大，實務工作中面臨的倫理難題經常發生。當下抉擇、長期發展的挑戰無法迴避，社會工作倫理有多項重要議題急待探討。本篇介紹社會工作倫理風險管理及爭議審議機制建立的國內外現況、社會工作倫理教學、跨專業倫理抉擇研究，以及社工倫理未來發展趨勢與展望。期待有更多有志、有識之士能投入這些重要議題的探討和建設，使社工倫理學科更完備、社會工作專業發展更穩健。

CHAPTER 14
社會工作倫理爭議審議機制與倫理風險管理

學習目標

1. 認識社會工作倫理不當行為及預防。

2. 認識國外社工倫理審議機制。

3. 了解國內社工倫理審議機制現況。

4. 了解國內醫學倫理委員會及倫理諮詢的現況。

5. 可由倫理審核開始，建立機構的倫理風險管理機制。

前言

社會變遷的速度愈快，對社工專業的需求也愈大。社工倫理守則的訂定，加強專業人員對倫理的認識與抉擇能力，提高案主與社會大眾對社工專業的信賴。隨著專業的發展進步，政府與民眾賦予專業更多的職權與任務，同時也會以更高的標準要求專業服務的品質；社工專業團體發展自治、自律的機制，提升成員的專業能力及倫理操守，也發展倫理爭議審議機制回應主管機關及社會的責信。

美國於1970年以後就面臨訴訟和不當處置案件增加的情形，我國在邁入21世紀後，社工師亦有更多機會出席法庭，不只在為案主爭取權益或出庭作證，也面臨使用者申訴及涉及法律訴訟增加的情況，故倫理風險管理與爭議審議機制成為重要課題。

第一節　社會工作倫理不當行為

美國社會工作者被認定專業行為的失當可能經由：專業團體（NASW）會員的倫理申訴、州執照或規範委員會的倫理申訴，或經由法律訴訟由法庭判定。

社工師涉及法律訴訟的狀況有兩類：

1. **社工師失職**：做了不該做的錯事，指社工師不適當地執行職務或服務不符合專業的標準，用不合法的手段達到目的或進行不法行為。例如：違反保密原則、錯誤的安置兒童、毆打案主、錯誤的同儕審核、不當的結案等。

2. **社工師怠職**：該做的事沒做到。指社工師沒有依據專業標準做到應盡的義務。例如：未能預防案主自殺、案主需要服務時未能在場、未能防止第三者受到傷害、未能適當地監督案主、未能轉介案主給專家以得到諮詢或治療等。

在以往的判例中，美國社工師被認定為治療過失、違反倫理的不當行為有：未遵守保密與侵犯隱私、服務的輸送違反社工專業界限、未對案主／工作人員適當的督導，其中保密與隱私權的議題占最大宗。其他包括：不合宜的諮詢、轉介及記錄的疏失、蓄意詐欺與誘騙、不當結案等。

（一）未遵守保密與侵犯隱私

社工師決定告知第三者有關案主的訊息，案主可能會提出倫理上的申訴，主張社工師違反隱私權使其受到傷害，要求民事的損害賠償；社工師可能也會遭受第三者的控告，理由為未警告或採取保護第三者的措施。因此社工師會被教導如何做合適判斷，當為了保護第三者免於受到傷害而將當事人的祕密公開時，要符合以下四個條件（包承恩、王永慈，2011/2006）：

1. 社工師有證據顯示案主對第三者有暴力威脅的傾向。
2. 社工師有證據可以預見案主的暴力行為。
3. 社工師有證據顯示案主的暴力行為具急迫性且可能發生的。
4. 社工師必須可以確認可能的受害者。

社工師應該在開始接案時就告知案主關於保密的限制，不可危及自己及他人的生命財產安全；並說明社工師有通報作證的法定任務，必要時會轉介案主給心理醫師等。為了減少洩密的倫理風險，機構內的所有工作人員包括專業與非專業人員，都應加強訓練保密的觀念。例如：避免讓機構內不相關的人取得保密資訊；機構應制定對於第三者或案主本人取得保密資訊的相關辦法；社工師嚴禁在公開或半公開的場所（如大廳、交誼廳、走道、接待室、電梯和餐廳等地）討論案主或其他保密資料等。

（二）違反專業界限

提供服務時防止違反專業界限，需要特別注意知情同意的程序問題，審慎研判對案主的評估處遇，不施加案主不當壓力、預防案主自殺或傷人、確實執行保護性業務、不作超越專業關係範圍的任何接觸等。社工師

還要小心不可給予案主超出本身所受的訓練與專業以外的建議或處遇，不可強迫、說服或支使案主參加不合乎案主權益的活動。

（三）未對案主／工作人員適當的督導與其他

執行保護性業務的社工師壓力很大，也是被申訴指控較頻繁的。常被認定不合倫理的案例情形有：沒有舉報疑似虐待的個案、錯誤的告發虐待與疏忽事件、對於很明顯的虐待案例沒有提供足夠的保護、不當剝奪父母親的權利、將孩子安置在危險或不適當的寄養家庭、甚至涉入對案主的性行為等。

當受督導的社工師遭遇到倫理的申訴或法律的控告時，督導們也同時會被責難。社工師若突然離開工作的機構或社區，沒能妥當的終止服務或將案主轉介至其他適合的服務機構也可能會被提倫理申訴及法律訴訟。

美國也曾發生少數的社工師因為不誠實，貪念、惡意，或是為了保護與滿足自己而企圖利用他人，像是與案主發生性關係、向案主敲詐，或是向保險公司支領不實的服務費用的例子。

發現和處理有個人問題的同僚很重要，了解個人問題的徵兆與及原因，願意去關心有個人問題的同僚，及早提供協助及諮詢，若仍不能改善，則提交督導或當地的規範或懲戒組織，避免案主或機構受到傷害。

第二節　社會工作倫理審議機制

為了達到專業自治與自律，維護專業形象，各國社工專業團體都發展了一些機制來防止社工師有違倫理之行為，以及對違反社工倫理者之處理。包括要求會員接受一定時數的倫理繼續教育及辦理倫理教育訓練，提供倫理諮詢及設立倫理申訴或爭議審議制裁的機制等。

一、國外

（一）澳洲

澳洲社工倫理守則2010年版，列出倫理投訴管理程序流程如下：

1. 全國倫理辦公室收到的投訴案件：
   - 討論有否非正式或替代性爭議解決方案。
   - 如果投訴人希望繼續進行正式投訴，會確認投訴對象爲有效會員。
   - 說明倫理申訴程序（Ethics Complaints Management Process; ECMP）。
   - 將相關資料寄給投訴人。

2. 全國倫理辦公室接受投訴：
   - 轉發投訴複本給全國倫理委員會主任委員，並確認收到投訴。
   - 如果倫理委員會主委決定受理，盡可能以電話告知投訴人已接受審理。
   - 將投訴的副本發送給被訴者（包括 ECMP 和倫理守則），並要求其在20個工作天內回應。

3. 全國倫理辦公室收到的回應答辯：
   - 倫理委員會決定是否應該結案，或召開聽證會。
   - 若決定召開聽證會，由全國倫理辦公室受過專門訓練和審查過的審議委員名單中挑選，組成審議小組。

4. 全國倫理辦公室召開聽證會：
   - 審議小組審查資料決定是否調查，並通知全國倫理辦公室。如要調查，由辦公室聯絡調查對象並安排調查。通知被訴人與申訴人此項調查及調查員的名字。
   - 如直接舉行聽證會，則辦公室安排聽證會的日期和地點，並通知審議委員、被訴人與申訴人。建議可以有一個支持者和證人陪同被訴人與申訴人出席，並要求書面確認這些人都出席聽證會。
   - 聽證會若可如期舉行，則辦公室通知倫理委員會主任委員。

5. 審議委員會進行聽證會，將審議決定以書面報告給全國倫理辦公室。

6. 辦公室將審議報告轉給全國倫理委員會。

7. 辦公室以書面通知投訴人及被訴人審議結果以及他們的上訴的權利和過程。倫理委員會評估上訴的請求，並在適當情況成立上訴委員會審理上訴。

8. 倫理委員會監督所適用的處罰。

（二）美國

美國 NASW 提供會員倫理諮詢。當會員面對倫理難題時，NASW 不是告訴會員該如何解決，而是引導思考相關的倫理守則，提供對話和注意事項，使會員能自己做出倫理決定，並為自己的決定負責。如果會員提出的問題其實與倫理無關，則 NASW 也會指出是與法律問題或實踐標準相關。

NASW 的倫理審議機制稱為「專業審查」（Profession Review），在第五版的專業審查程序厚達 64 頁，其程序包含接案、調解和審議裁決三個階段，表 14-1 簡單列出流程和時限（timeframe）。

▲表 14-1　NASW 專業審查程序

階　段	內　　　　容	時　　限
接案	投訴人向 OEPR 提出 RPR，包括簽署保密／聲明書	反倫理行為的日期在一年內
	OEPR 向投訴人確認收到 RPR	10 天之內
	OEPR 通知投訴人補交完整資料（額外的 30 天）	10 天之內
	OEPR 通知答辯人及 RPR 委員會	10 天之內
	申請人簽訂了保密聲明書	14 天內通知 RPR
	答辯人有機會作出回應，並提交相關文件，OEPR 驗收	14 天內
	OEPR 請答辯人補交資料	14 天內

	委員會決定接受或拒絕 RPR，如果接案，則建議調解或裁決	45 天內
接案後轉介調解的案件	NEC 倫理委員會主任委員委任調解人和 NASW 代表	45 天之內
	投訴人或答辯人可以反對以上委任人	20 天內
	投訴人及答辯人提供書面資料調解	調解日 30 天前
	提交書面意見獲得調解人及主席批准	調解日 14 天前
	調解人發送調解協議書或以信件通知地方或全國倫理會	調解完成或終止 10 天內
	倫理委員會指定的監測人執行調解協議。如果調解未達共識，則回到倫理接案委員會，以確定結案、返回調解，或是進行審議判決	45 天內通知雙方
接案後轉介審議的案件	主席或 NEC 主委任命審議委員會	決定接受審議 45 天之內
	提供投訴人及答辯人審議的通知	決定接受審議 45 天之內
	投訴人及答辯人提供書面資料	聽證會之前至少 30 天
	投訴人及答辯人各提供證人名單	聽證會之前至少 30 天
	批准證人通知雙方	聽證會之前至少 14 天
	證人不能出席聽證會可提交書面證據	聽證會之前至少 14 天
	投訴人或答辯人可提反對審議委員	接到通知 20 天內
	審議委員主席將審查報告草案交 OEPR	聽證會結束後的 21 天內
	OEPR 發送報告草案和建議給審議委員主席和倫理委員會主委	收到報告 14 天內
	倫理委員會審查報告草案及做必要的更改	收到報告 14 天內
	將正式報告寄給辦公室及雙方當事人，投訴人或答辯人可以向倫理委員會或理事會提起上訴	收到最終報告後的 30 天
	OEPR 通知對方	收到申請的 10 天之內
	對方當事人可以反駁上訴	30 天之內
	OEPR 副本發送反駁上訴給對方及倫理委員會，由倫理委員會或理事會做決定	10 天之內
	總結報告正式通知投訴人及答辯人，完成所有程序	反駁的機會 30 天之後

註：OEPR 指專業倫理審查辦公室；RPR 指專業倫理審查申請；NEC 指全國倫理委員會。
資料來源：NASW (2012, Jun 9). NASW procedures for professional review. Retrieved from http://www.socialworkers.org/nasw/ethics/ProceduresManual.pdf

　　NASW 專業審查的結果，若證實會員的行為違反倫理守則，可施加制裁。包括：公告周知，如果未能或拒絕接受糾正措施，則通知州執照或規範委員會、雇主和相關人士。NASW 並會於其出版品、網站中公告相關資訊，例如2012 年的網站中就公布了現仍在接受制裁的名單（網站並說明需注意可能有同名之疑慮，若需以此做為資料時仍需與 NASW 再次確認）。

（三）香港

　　香港社會工作者註冊局也有紀律委員會的設置，對於遭投訴的註冊社工師提交紀律委員會審議。若認為須作進一步調查，可將該投訴發還原紀律委員會，或轉介委任的另一紀律委員會。若認定註冊社工師有違紀行為，則會做出永久或限時取消註冊資格、書面譴責、登錄違紀記錄、口頭勸誡等制裁。

二、我國

（一）倫理委員會

　　我國社工師公會全國聯合會為有效推動社工倫理，於2009 年成立倫理委員會，第一屆倫理委員會主任委員由秦燕擔任，在邀請倫理委員時，除依公會全聯會會理監事之專長與意願由翁慧圓、張志豐、韓青蓉、何振宇、陳明珍、陳宇嘉擔任倫理委員外，並邀請學界、開設倫理課程及有倫理相關著作之教授，王永慈、李明政、曾華源、莫藜藜、沈慶鴻、萬育維等六位教授加入，再邀請實務界專家資深社工師王琇蘭、全國成、李德純、鍾素珠、張玲如，並有醫界、法律界的專家戴正德教授、林瓊嘉、宋重和律師共同組成21 位成員的倫理委員會，會外學者專家超過三分之一。

　　第一屆倫理委員會完成組織簡則、倫理申訴處理要點等規範。並根據倫理委員會組織簡則，明訂工作職掌為以下四項，與組織架構如表14-2。

▲表 14-2 倫理委員會組織架構

職務名稱	相 關 規 範	人 數
主任委員	• 由理事長就理事中遴聘 • 每 3 個月定期開會一次，必要時得召開臨時會議，主任委員因故無法出席時，應另指派一名委員爲代理人 • 主任委員得視議案需要邀請有關人員列席會議	1 人
委員	• 由主任委員自社工各領域中推薦合適人選 • 社工學術界之專家學者不得少於 1/3，並報請理事長核定後聘任之 • 委員之任期配合該屆理監事會任期，連聘得連任，中途聘任者至該任期屆滿爲止	5 人以上
執行祕書	• 由主任委員遴選適當人員或祕書處人員擔任 • 協助綜理本委員會幕僚作業及日常事務	1 人

1. 調查、仲裁、調解會員違反社會工作倫理之爭議申訴事件，以及監督社會工作師相關機構自律。
2. 社工專業倫理守則之解釋、諮詢、修訂與宣導。
3. 專業倫理教育課程及訓練之規劃與實施。
4. 統籌規劃倫理相關議題。

實務考量，倫理委員會職掌中已刪除調查功能，改監督爲調解社會工作師相關機構自律。

倫理委員會委員有以下的共識：社工倫理不論在養成教育和繼續教育都需要再加強，除了倫理守則、法律、理論、原則以外，最重要的是透過案例研討，增強社工師的倫理敏感度，並經由討論互動，體認實務場域的倫理難題，提升研判分析能力，做出妥適的倫理決策和抉擇。然而在大學教學或社工師的職前、在職教育中，沒有案例教材是很大的缺憾和障礙，故在內政部的補助之下，進行本土社會工作倫理案例彙編的編印。

倫理委員會隨理監事任期更新，繼續推動社工倫理教育（如研討會、案例彙編）與繼續訓練，並對新聞事件公開表達倫理評論與建議，推動社

福機構建立倫理風險管理及審議機制，以及倫理守則的修訂。

（二）倫理申訴處理要點

　　第一屆社工倫理委員依據《社會工作師法》第49條、中華民國社會工作師公會全國聯合會組織章程第六條規定，2009年制定中華民國社會工作師公會全國聯合會會員倫理申訴處理要點。並協助各地公會推動倫理審議機制，在任期內完成三筆申訴案件。2013年修訂實施至今。

　　倫理申訴處理要點的訴求是以公平、公正、客觀、保密，處理社工師公會全聯會及地方公會倫理申訴及審議案件，落實社工倫理守則，其相關規定說明如下（中華民國社會工作師公會全國聯合會，2020）：

1. 受理申訴事項：限於會員違反倫理守則案件、各地方公會違反倫理守則規定或其他倫理促進必要之事項。

2. 申訴人、再申訴人資格：

（1）申訴人限於公會會員或權益遭受公會或會員侵害者。

（2）再申訴人限於不服地方公會決議之申訴人、申訴相對人，及因決議權益有遭受損害之虞者。

3. 申訴級制：

（1）會員倫理事件之申訴案件，採申訴、再申訴二級制。

（2）申訴案件應向各地方公會提出，不服各地方公會之決議，向全聯會提出再申訴。

（3）對全聯會之決議，除涉及身分、財產法益具保護重要性，否則不得再為異議。

4. 申訴期限：

（1）會員倫理事件，申訴人應於知悉事件之日起兩個月內填具申訴書，並檢附有關之文件及證據提出申訴。

（2）對地方公會之決議不服，應於接受決議通知之翌日起1個月內檢具再申訴意見書向全聯會提出再申訴，並檢附再申訴理由及相關文件。

5. **處理流程：**

（1）地方公會作業流程：

　　a. 地方公會接受申訴，應先審查申訴資格是否符合。

　　b. 地方公會受理申訴後，得由地方公會理事長或倫理委員會主任委員召集組成3～5人之審議小組（其中至少1名會外委員），進行調查與審議。

　　c. 地方公會應於受理申訴案件後，1週內通知申訴人是否受理，並通知受申訴者提出答辯。

　　d. 地方公會受理申訴案件，應於3個月內，完成申訴決議。

　　e. 地方公會受理申訴案件之決議，應經倫理委員會陳報公會監事會核備始得作成決議，若全體理監事3/4以上之不同意該決議，原案可退回重審。

（2）全聯會作業流程：

　　a. 全聯會接受再申訴，應先審查再申訴人資格及是否符合規定期限內提出。

　　b. 受理再申訴後，得由倫理委員會主任委員召集組成5～7人之審議小組，進行調查與審議。

　　c. 全聯會於受理再申訴案件後，祕書處應於1週內通知再申訴人是否受理，並需備齊相關資料。

　　d. 受理再申訴案件，應於3個月內，完成再申訴決議。

　　e. 受理再申訴案件之決議，應經倫理委員會陳報公會理監事會核備始得作成決議，若全體理監事3/4以上之不同意該決議，原案可退回重審。

　　f. 逾期提出再申訴，全聯會不予受理再申訴案件。

6. **處理方式：**

（1）受理申訴、再申訴之審議小組成員或理事，如與該案件有利害、親屬關係，應自行迴避不得參與調查、審議或決議；申訴人、再申訴人亦得申請應迴避者迴避。

（2）申訴、再申訴之審議小組成員，不限社工師公會會員，得由各地方公會、全聯會倫理委員會主任委員或理事長邀請各領域專家學者參與審議。

（3）申訴、再申訴案件進入司法程序，各地方公會、全聯會仍得受理。

（4）申訴、再申訴案件，應依制式文書提出，並檢附詳實理由及佐證資料，如未依規定提出，經書面通知七日內應完成補正，逾期未補正駁回其申請。

（5）申訴、再申訴案件，一經決議不得再行提出，除經倫理委員會主任委員認有再行決議之必要，得受理之。

7. **裁罰基準**：按照違反社會工作倫理情節之輕重，分別以口頭勸誡、書面告誡、專案輔導、暫時停權、永久停權等處分，其相關懲處內容仍尚待討論及擬訂其規範。

第三節　社會工作倫理風險管理

　　風險管理是為有效管理可能發生的事件及其不利的影響所執行的步驟與過程。基本架構包括辨識、評估、處理、監控等程序。風險管理不是追求「零」風險，而是強調在可接受的風險下，追求最大的利益。

一、醫院中的倫理風險管理

（一）起源與發展

　　醫界透過倫理自覺而自發努力成立倫理委員會的經驗，值得社工界參考，以下以此為例介紹之。醫院中的倫理委員會源自1970年代中期的美國，由於法庭開始引用倫理委員會的制度作為醫療糾紛的依據，使倫理委員會的重要性被認可，之後倫理委員會日漸成為醫療機構的必要組織。

　　1990 年代初期，美國的保健照護機構認證聯席委員會提出認證的條件之一，是醫療機構必須具備醫療倫理爭議審議的機制，而倫理委員會是滿足此一要求的具體組織。因此，由各專業組成委員會來共同處理這些倫理問題，成為現代醫療服務和保障醫療品質的一個必要部分。

　　我國於 2004 年在高屏地區舉行會議以凝聚共識，促使健保局高屏分局、高雄市政府衛生局、高雄市立聯合醫院、高雄長庚醫院、屏東基督教醫院等成立倫理委員會（郭素珍等，2008）。臺大醫院在蔡甫昌教授大力推動下，開啟成立倫理委員會之先端，至今各大醫院紛紛成立該會並提供倫理諮詢。

（二）服務內容

　　倫理委員會是根據醫師及病人的需要，為一獨立而可提供相關知識技能的第三者，以協助解決倫理相關問題，避免產生不必要的醫療糾紛，使醫師得以放心為病人進行醫療，而病人得到最佳的醫療服務。

　　醫療倫理諮詢服務的工作主要是針對醫護人員在執行醫護工作時所發生的倫理爭議或困惑，由第三者提供醫病雙方所需的倫理分析、說明、提議等。這種倫理諮詢要求通常是由病人的主治醫師主動提出，但也可以由護理人員、病人、家屬等提出。而接受這種要求和提供倫理諮詢服務的是醫院所設的倫理委員會，或倫理委員會指派的倫理諮詢專員。

　　倫理諮詢主要是提供病人以優質醫療的一種積極服務，不是對任何人或主治醫師的挑剔或控訴，許多時候是作為溝通橋樑，可以解答和解決在醫療選擇上出現的爭議或困惑。因此，醫護人員或病人家屬都應善用這種服務，以改善醫療的品質。

　　在醫療倫理諮詢的內容上，通常包括三個主要部分：個案的倫理諮詢、制訂醫療的倫理政策和推廣醫療倫理教育。

（三）諮詢程序

　　個案倫理諮詢的程序說明如下（郭素珍等，2008）：

1. 開始諮詢：首先要求倫理諮詢的當事人做初步討論，以了解其問題，辨認所涉及的是何種倫理議題，評估其急切性，以訂定工作的時程。

2. 預備會見病人：閱讀病人的病歷，以了解其背景。

3. 會見病人：觀察病人的具體情況、蒐集相關的資訊和數據。如精神和心理狀況等。與病人建立友善關懷的關係。

4. 主持家庭會議。

5. 倫理分析：檢討病人的意願和行為能力、相關權益、風險利益、法律規範、醫院政策、道德考量等，評估的項目包括病人的目標與意願、可能的醫療方式、病人的決定能力、是否有適當的「不施行心肺復甦術同意書」或預立選擇安寧療護意願書、預立醫療委任代理人委任書，及與現行的法例是否有衝突等。

6. 與主治醫師和要求倫理諮詢者討論：會談應在一種合作和諧氣氛之下進行，以取得當事人和主治醫師的合作與支持，使後續的建議得以落實。

7. 提出報告和建議：將諮詢結果製成書面報告，收於病人之病歷內，作為醫護人員及病人家屬參考和執行的依據。報告的內容應明確回答所提出的問題，做出建議及提供參考文獻。

8. 後續追蹤。

（四）實務運用

以臺中榮民總醫院的臨床倫理諮詢為例，說明如下（臺中榮民總醫院，2020）：

1. 組織：附屬於醫學倫理委員會，召集人由醫學倫理與法律中心主任兼任。小組成員由召集人遴選院內對醫臨床倫理有興趣之內、外科系醫師、護理師，及社工人員，經倫理委員會同意後報請院長任命，任期至該屆倫理委員會委員任期屆滿日止，連選得連任。

2. 倫理諮詢的流程：

（1）臨床醫療工作人員發現倫理兩難問題：於單位內先經討論確認欲諮詢的是倫理兩難議題，而不是更適合照會其他單位的問題（如：法律問題、醫療糾紛問題、精神狀態問題、長期照護問題等）。

（2）申請者在電腦終端機點選「倫理諮詢」，並填寫完成「倫理諮詢申請單」，之後由負責之社工師先作初步之過濾分類，並通知輪值之主要諮詢員。

（3）主要諮詢員再決定採用個人諮詢、小組諮詢、或小組全體開會方式諮詢。

　　• 倫理諮詢的進行方式：

　　　a. 釐清諮詢的需求：確定諮詢問題的類別、諮詢者提供初步資料、設定實際可達到的目標、系統性的闡述倫理問題。

　　　b. 收集相關資料：思考所需資料的種類、尋找資料的來源、系統性的由每一個來源取得資料、統整資料及倫理問題。

　　　c. 綜整資料：決定會談的方式、進行倫理分析、確認可作出合乎倫理之決定的人、考量其他符合倫理正當性之選項。

　　　d. 解釋綜整的資料：將綜整後的資料與關鍵人物溝通、提供其他資源、將諮詢之結果作成紀錄。

　　　e. 對諮詢過程的支持：對參予者的追蹤、評估諮詢之結果、調整諮詢的過程、找出系統性的議題。

（4）主要諮詢員完成倫理諮詢紀錄表。

（5）倫理諮詢之結果必須提至下次醫學倫理委員會議備查。

3. 臨床倫理諮詢服務項目：

（1）與生命末期有關的議題：

　　如：不施予心肺復甦術（DNR）或撤除維生醫療問題

（2）醫療決策困難或衝突：

　　如：須提供醫療照顧之建議等。

（3）病人自主議題：

　　　　如：病人決定能力、預立醫療決定、預立醫療代理人等。
　　（4）釐清價值觀：
　　　　如：醫學倫理議題之釐清
　　（5）政策解讀

二、社福機構及社工主管機關的倫理風險管理

　　機構或組織中設立倫理風險管理及審核機制並落實執行非常重要，社會福利機構及社工主管機關都應認真考慮，及早實施，國內仍相當匱乏，亟待推動。

　　雷默提供社工師一個實務的架構以便檢視、批判相關的倫理議題：首先認定特殊人口群、治療取向、機構、方案設計、工作人員等方面的相關倫理議題，繼之檢視目前與倫理相關的政策、實務與步驟的適切性，接著設計一個務實的策略去修正現在的實務，並防範可能的訴訟或申訴，最後監督此策略的執行。

　　執行倫理審核的指引為（包承恩，王永慈，2011/2006）：

1.　指派一位機構的工作人員擔任倫理審核委員會的主席。
2.　列出主要倫理風險的清單。
3.　倫理審核委員會決定要蒐集的資料。
4.　倫理委員會對所提的各倫理議題評定風險程度，如：①高度風險；②中度風險；③低度風險；④無風險。
5.　從高度風險的倫理議題優先處理，針對每個倫理議題訂出行動計畫。
6.　納入所需資源考量，排定行動計畫的優先順序。
7.　按行動計畫逐步執行。
8.　明定計畫負責人完成時間表。
9.　設定追蹤機制、管制進度。
10.　完整記錄所有過程。

結語

　　社會工作是個高風險的專業，高風險不只在人身安全，也在倫理風險。實務中面臨的倫理難題，可能在社工師有意無意的不當行爲下，造成對案主、自身、機構、社工專業和社會的傷害，在專業自律、自治的架構下，建立可信賴的倫理審議機制，透過教學、研究、訓練，進一步預防性的做好倫理風險管理，是社會工作專業急需設立和提升的。

情境練習

　　以一個你們熟悉的機構爲假想對象，試著以雷默執行倫理審核的指引項目，嘗試做該機構的倫理風險考量。

教學參考

課堂活動：

　　1. 短片放映（雷默的演講）。

　　2. 分組報告（同學專題影片放映，並主持所提出的問題與討論）。

　　3. 小組討論及回饋。

　　4. 各組回饋。

學習作業：

　　完成本週小組的討論。

CHAPTER 15
社會工作倫理的重要議題

學習目標

1. 認識社會工作倫理課程教學的現況。

2. 認識國外社會工作倫理課程教學的標準。

3. 思考社會工作倫理研究的趨勢。

4. 了解生命末期倫理的研究。

前言

社工師倫理素養的提升要由養成教育紮根，在職訓練中強化，在面對科技發展、社會變遷下，要能警覺新倫理議題的產生與其他專業的合作、研究。本章介紹社工倫理教育的現況發展與生命末期抉擇的倫理議題。

第一節　社會工作倫理教育的現況與發展

社會工作專業的形成有三項因素，即專業知識、專業技能與專業倫理，三者缺一不可（徐震、李明政，2001）。隨著專業的成長、發展，各界期待社工師有更高的服務品質和倫理操守。社工師在實際工作中會面臨價值衝突或言行有倫理上的爭議，甚至有行為違反專業倫理仍不自知的情形（廖秋芬，1997；胡慧嫈，2000；胡中宜，2003）。莫藜藜（2007）曾提出實務工作與學術理論有所衝突，社工師在認知與操作上會發生不一致的現象。社工倫理養成教育面臨的挑戰在於培育的人才素質不穩定，王秀燕（2010）指出國內在近年大專院校廣設社工相關科系，每年培植二千多名畢業生，大部分成為社工職場的新鮮人，然而學校養成教育卻未充分讓學生了解實務問題的複雜性與多元化，而且新興議題持續擴展，學生卻缺乏實務經驗教學，與解決問題的能力，故造成人力流動大。

在社會工作專業人員養成的各階段中，不論是教學、考試、進用、訓練、專業組織自律、爭取社會大眾的認可支持等，在在都需要加強社工人員倫理認知與實踐的能力。本文僅以社會工作倫理教學為主題，彙整我國社會工作倫理課程教學實施狀況，探討其有待改進之處，並提出相關發展之建議。

一、國外社會工作倫理教育現況

李宗派（2002）根據美國社會工作教育協會（The Council on Social Work Education; CSWE）教育政策與認證標準（EPAS）指出，社工教育之基礎課程應當包括價值與倫理、多元化、弱勢人口與社會經濟正義、人類行為與社會環境、社會福利政策與服務、社會工作實務、研究、實習等八大類，其中關係到專業倫理的有價值與倫理及實踐兩大類課程：

1. **價值與倫理**：須遵守「全國社會工作師協會」公布的倫理守則，持守社工價值與原則，教導學生反省個人價值觀念，並發展專業價值觀念。

2. **實踐**：在適當環境，加強學生對專業目的、價值與倫理的認同，並整合實務能力與基礎專業知識，促進專業能力發展。經由系統化實習規劃，及專業教師監督、協調及評估引導。

CSWE 於 2011 年修訂教育政策與認證標準，以因應傳統及新興課程設計的平衡，將社會工作教育之基礎課程分為四種方向：方案的任務和目標、直接服務課程、間接服務課程、評量等綜合課程設計，而與研究相關且影響社工倫理養成教育之重點說明如下：

1. **價值觀**：教育一位社工師，其教育核心包括專業服務、社會正義、個人的尊嚴與價值、人群關係的重要性、誠信人格、稱職的能力、人權的提倡、科學方式決解問題，以承諾尊重所有人民得以追求社會和經濟正義。

2. **實踐應用社會工作專業倫理原則**：教育社工師為自身道德行為和倫理決策盡責，必須依照道德標準及相關法律從事專業行為，覺察和管理個人價值觀實踐專業價值，依全國社工協會訂定的倫理守則、國際社工倫理原則進行倫理難題抉擇與解決。

社會工作局協會（Association of Social Work Boards; ASWB）制定一套社會工作倫理課程發展指南（Guide to Social Work Ethics Course Development），目的在鼓勵幫助學生了解社會工作實務中的倫理議題與難

題，並發展出處理之道其課程目標，分爲六項：

1. 理解社會工作專業價值、道德、倫理的歷史演變。
2. 在社工實務中，發展道德觀念及理論的技能。
3. 掌握司法和倫理守則相關的專業知識，包括督導倫理及司法與倫理兩者的衝突。
4. 增進自我省思，覺察個人價值和專業行爲的相互作用。
5. 認識倫理議題，透過批判性思考，運用倫理決策架構與步驟於直接服務與間接服務中。
6. 廣泛接受多元文化不同角色，以社會正義去理解和解決其中的倫理困境。

社會工作局協會（2011）依目標設計的教育核心內容，依序如下：

1. 社會工作價值與倫理的發展。
2. 倫理學理論。
3. 社會工作實踐的專業標準（社工倫理守則）。
4. 社會工作所受到的法律規範（包括註冊，認證或許可）。
5. 專業價值及自省合乎倫理的專業行爲。
6. 倫理決策過程和困境的實例。

課程內容應達到具體目的或學習成果，需是可測量的，可以分成三個層次：

1. 初級：
   （1）認識倫理決策過程。
   （2）解釋倫理決策，例如在小組討論之中能夠「舉實例」進行簡單的探討。
   （3）應用倫理決策在簡單的實務工作情境。
2. 中級：
   （1）分析稍微複雜的實務難題，確定面臨狀況的關鍵問題。
   （2）應用倫理決策於稍微複雜的社工實務難題中，模擬推演，以戲劇化的形式進行。

3. 高級：

　　（1）制定可能的方案，解決複雜的社會工作實務難題。

　　（2）考慮各種選擇對案主、社工及他人的潛在衝擊。

　　（3）審愼選擇發展解決複雜實務難題的行動，依現實社會資源選擇
　　　　可行方案，「組織」跨專業團隊的行動方針，以解決問題。

　　社會工作局協會也介紹一些倫理教學方法，包括案例研究、小型講座、小組討論、角色扮演、辯論、上臺報告、專業音頻／視頻、音樂／電影、前後測試、網路授課、網路小組討論形式、指定閱讀等；另外，針對教師資格，強調需要具備社會工作學位、社工師證照、社會工作價值與倫理知識、倫理理論知識、高風險領域實務經驗及教授課程的能力。

　　國外的社工教育認證標準及倫理課程發展指南，都可以作爲檢視我國社會工作倫理教育的參考架構。

二、臺灣社工倫理教育發展

　　臺灣早期社工倫理教育的教師人力不足與結構不均衡（曾華源，2002）。經過十餘年師資培訓，大專院校對社會工作倫理教育已經越來越重視，不過各校課程名稱不一，教育目標、核心內容、教學方法都有不同，雖然多元化的教學方式可以呈現各校特色，然而倫理課程核心內容的不一致可能會影響社會工作的實施。故臺灣社會工作教育學會亦推動社會工作核心知能建構。臺灣社工倫理教育發展的重點如下。

（一）社工倫理教育非常重要，應予重視並妥善規劃

　　徐震、李明政（2004）指出，專業守則往往不足因應社會工作情境變異之龐雜繁複，故社工師必須加強具備倫理思考的能力。曾華源等人（2011）也提到社工專業知識蓬勃發展、社會價值快速變遷，加上民眾權益高漲，專業制度的發展與實務工作面臨許多挑戰，重視專業價值與倫理的教育是建構專業制度的根基。

　　社會工作的專業領域越來越多，各領域之中，還須與其他專業共同執業，積極降低違反倫理的風險對社工師的養成甚為重要。社工師若沒有足夠的倫理素養與警覺，很可能在直接服務與間接服務中會有違背倫理的不當行為，或面臨倫理難題不知如何因應，承受身心過大壓力而採取逃避的態度，造成怠職或離職。因此在社會工作教學、在職訓練、倫理風險管理機制建立、爭議審議的執行都不可忽略。

（二）大學院校愈來愈重視社會工作倫理課程的開授

　　根據教育部統計國內大學院校社工倫理課程的開課情形如下（教育部大學院校課程資訊網，2011）：

- 89學年度只有7間學校開設（大學部6門及碩士班4門）。
- 94學年度則發展至12間學校（大學部20門及碩士班5門），且以必修為主的學校從5門增加到14門。整體而言，五年授課學校增加5間，課程名稱增加3種，授課老師增加13位。
- 97學年度因《社會工作師法》、社工倫理守則等進行修訂，已達到19間學校開課。
- 98學年開始有3所學校的生死學系及老人福利系開課，授課教師皆有社工背景知識，顯示非社工學系也相當重視社工倫理課程。
- 99學年度博士班開設1門、碩士班開設7門、大學部35門。其中，大學部21門課程規劃為必修，其中有14門仍設為選修，教師增加至32位。

　　由以上資料統計社工倫理課程占社工相關系所的比例，89學年度為29％，94學年度增長至44％，99學年度已有70％。以大學部來說，十年間開課成長達4.4倍（由10門課程增為44門課程）；設為必修課程的比例由89學年度的33％，94學年度的50％，至99學年度已有60％。整體來看，社工系所對倫理教育的重視反映在社工倫理課程開設的增加。108學年度開設社會工作倫理課程的共達54門，其中博士班1門，碩士班8門，學士班43門，二年制3門。學士班大多開在四年級，下學期略多於上學

期，必修課大於選修。

（三）目前社工倫理課程教學的挑戰

曾華源等人（2011）指出許多社工人員認為提供專業性服務，首重於技巧和理論知識的學習與充實，而忽略提升專業價值與倫理兩難抉擇的能力。近年來各界如火如荼的探討許多實務工作所帶來的倫理議題，最嚴重的問題仍然在於整體社會工作結構中人力素質的問題。曾華源等人（2010）指出社會工作學生數量增加，但願意從事社會工作的比例沒有增加，發現社工專業教育發展面臨的六項困境中特別強調社工專業認同及價值教育和人格養成教育有待加強。

社會工作倫理課程的發展仍在開展階段，主要受到的挑戰有以下 5 點：

1. 教學核心內容各校不一：社工倫理課程的核心目標與課程內容不一，重點的面向也不同。

2. 學生多數缺乏倫理難題處遇經驗：社工倫理課程對初學者而言很難理解；對沒有實務經驗的人，很容易似懂非懂（張允閎，2011）。若遇到教師實務經驗不足，無法提供深刻實例，對學習就會大打折扣；另一方面，學生因為經驗太少，對於課程內容難以達到共鳴，教學成效就會受到影響。

3. 沒有教學評量方式的標準：知識可以考試評量，但是價值與倫理很難評定，尤其倫理養成教育不只是知識上的傳承，更是社會工作價值與專業的精神傳承，其中包括專業品格、價值信念、人文素養等的培養。

4. 銜接在職繼續教育的規劃不明：由於學校課程安排只有約 18 週的時間，學生通常在實際投入服務後，才會漸漸訓練自己的倫理覺察與區辨能力，且各領域所面臨的倫理議題有所不同，需要更專精的職前及在職訓練。目前實務領域的在職繼續教育規劃之中，針對倫理議題進行探討仍然有限，雖然各地公會所探討議題相當多樣，但

社工師參加倫理在職繼續教育的情形，是依照個人興趣自由報名參加，故養成教育銜接在職繼續教育訓練尚有障礙。

5. 社工倫理審議機制尚在建構：全聯會已初步設立二級制的倫理申訴審議機制。目前各社會福利相關機構或單位，基本上有民眾申訴管理或機構內部自我管理的機制，社工師提到公會受理的審議案件很少，主因在於機構早已處理好，不過是否合理處理就無從確認（張允閎，2011）。簡而言之，社工倫理審議機制一方面必須建立全國具公信力的審議機制，另一方面必須向各單位宣導及促進審議組織的功能，在社工倫理課程中，目前並未帶給學生清楚的審議機制的概念。

（四）學界與實務界對社工倫理課程教學之意見

王永慈教授於2011年10～12月間，辦理北中南三區焦點團體，統合17位授課教師及2位研究生的意見，規劃社工倫理課程，於2012年社會工作核心知能建構研討會中發表。其認為教學架構中，知識層面占30％，技巧層面占30～40％，倫理與承諾層面占30～40％。課程內容包含：

1. 社工專業之價值與倫理的演進與內涵。
2. 倫理學原則與理論。
3. 中西文化與價值觀（包括原住民族、新住民等的文化）。
4. 反壓迫的社會工作倫理（包括階級、族群、性別等的議題）。
5. 社工實務的專業標準，例如：專業倫理守則（包括不同專業的倫理守則，如醫師、律師、護理師、心理師等）。
6. 法律對於社工師的相關要求。
7. 專業價值、對符合專業倫理行為的自覺、自我價值觀澄清。
8. 倫理抉擇的過程、兩難的案例。
9. 社工倫理的風險管理與實踐、業務過失與法律責任。

筆者於2011年9～10月，訪談中部地區5個領域13位資深社工師，其對社工師倫理課程的看法及建議則如下：

1. 教育目標：著重於社工倫理概念建構、強調助人價值的重要、以全人觀點尊重案主、以倫理自律個人行為、遇到矛盾衝突時的思辯能力及妥適的判斷抉擇等。

2. 教學內容：以對案主的責任為主，強調同理接納能力，以及對同儕的責任、對機構的責任、保密義務、法律相關知識、判斷抉擇方法、服務的態度等。

3. 教學方法：應有實務經驗者擔任教學、模擬情境演練及案例討論、訪談實務工作者、講座、研討會、學長姐經驗分享等。

4. 列為必修、學分增加、小班教學。

5. 加強網路資訊管理能力。

三、對臺灣社工倫理教育之建議

1. 社會工作教育學會推動社會工作倫理課程教學與評量。

2. 以王永慈教授（2012）發表之社工倫理課程規劃與設計為基礎，邀集教師、實務工作者、學生代表討論修訂，達成符合實務需求的教學課程規劃，實施後再驗證。

3. 全聯會及社會工作專業人員協會等專業團體，應致力於倫理繼續教育與訓練的需求調查與規劃實施。

4. 主管機關（社會司）可以全聯會之倫理申訴機制為基礎，建構具公權力及公信力的倫理審議機制，納入倫理教學。

5. 社工學界及實務界能關心倫理養成及繼續教育，共同合作、繼續研究。

註：第一節由秦燕、張允閔合著，摘錄自聯合勸募論壇第二期2013年春季號。

第二節　生命末期抉擇的倫理議題

　　生命倫理是眾所矚目，健康相關專業所關切的議題。愈是文明、富足、進步的社會，愈重視生命的價值，醫學科技精進與發展，展延了生命，但也引出不少道德問題，是否應無限制的用科技延長生命，誰生誰死？誰有權決定？醫療有關的價值判斷問題使得醫學倫理應運而生。醫學倫理在國外已有兩千年歷史，20 世紀更受重視。臺灣的醫學倫理教育始於三十餘年前，現已為醫學院的必修課程（戴正德等，2002），護理教育也在積極推展「生命倫理學」課程，以提升專業人員生命倫理知能，及臨床倫理困境之敏感度、處理能力（趙可式等，2009）。社會工作在 1997 年《社會工作師法》通過，2008 年社工倫理守則修訂後，目前各大學院校社工系所大多已有「社會工作倫理」的課程講授，半數以上為必修。美國的研究指出醫務社工的實務工作者，認為學校教育應再加強的有：團隊工作、照顧管理、評鑑準備、倫理、死亡與失落；而醫務社工面臨的倫理難題中，生命末期抉擇、照顧管理與社工倫理是四者中之二（Bronstein et al., 2007; Roberts,1999）。

一、末期病人家庭有待抉擇的議題

　　統整文獻與實務經驗，以下是生命末期階段，不論是醫療團隊或病人家屬所面臨的抉擇難題（蔡佩真，2004；郭素珍等，2008；Csikai, Chaitin, & Follmer, 2006）：

　　1. 末期病情告知或善意謊言。

　　2. 是否選擇安寧緩和療護的照顧方式？

　　3. 是否進行心肺復甦術（CPR）或放棄急救（DNR）？

　　4. 是否進行緩和鎮定治療？何時進行／停止？

　　5. 若已插管，是否及何時撤除維生系統？

　　6. 在醫院過世或回家過世？

7. 家屬是否需要悲傷輔導及追蹤？

8. 倫理諮詢是否必要？誰來提供諮詢？諮詢內容和成效為何？倫理委員會組成和通過審核的比率為何？

與末期決策的結果最相關是病人，但往往因為許多原因，未被納入成為決策的核心。家屬的考慮和決定，或因人數多、意見不一，多有抉擇的難題。醫療團隊是提供評估、資訊、分析及建議最重要的角色，可能因為專業訓練、專業所重視價值，及個人信念、作法有所不同，會對末期抉擇有重要的影響，這中間或許沒有絕對的對錯，但價值取捨會牽涉重要的倫理議題。

二、末期抉擇的倫理原則與困境

第一篇曾介紹倫理學的理論與衍伸出的醫學倫理原則，然而即使有這些原則的指引，面對生命末期抉擇，仍會有倫理困境。例如：保密與告知的兩難；延長生命與維護生命品質間的衝突；醫療自主與家屬價值的衝突；以「保護案主利益」之名，違反行善、不傷害原則之虞；中華傳統文化與西方生命醫學倫理的對立（蔡佩真，2004），以及社會成本與個體意願之權衡，社會正義、組織政策與個人權益的拉扯等。

在強調生命末期完整醫療的安寧緩和療護中，十分重視團隊合作，醫療團隊中包含醫師、護理師、社工師、宗教師及其他醫療專業人員，當然還有病人、家屬甚至志工。專業人員各自有其養成訓練的不同背景、專業價值、專業組織及倫理守則。在對病人作身心靈評估、治療與服務提供時，也會有倫理衝突與抉擇難題。國內外研究都顯示醫療團隊間的倫理壓力往往影響醫療人員的工作滿意度，甚至造成離職（Donnell, et al., 2008; Ulrich, et al., 2007）。如何統整專業人員的觀點，協助病人及家屬妥善作抉擇，也是安寧療護團隊需要面對的倫理困境與挑戰。

三、國內外相關研究

　　生命倫理的議題隨著醫療科技進步，在上個世紀末就是研究的重點之一，許多研究主持的醫師對「末期病人醫助自殺（Physician-Assisted-Suicide）的法律與倫理問題」有許多研究探討；對於生命和死亡的價值和意義，納入末期醫療照護關切的重點，醫療專業團體也發展出倫理原則及抉擇決定模式（戴正德等，2002；Byock, 2002; Thomasma, 1996）。安寧緩和療護逐漸開展後，於末期病人家屬長時間第一線提供服務的專業人員是護理師，庫柏樂（Küelbler）等護理專家於《緩和醫療與生命末期照護臨床實務指引》一書中提及倫理議題。隨著平均年齡延長，末期病人醫療費用大增，無效醫療認定與DNR的倫理議題也在醫護各自的研究中被探討。

　　社工倫理隨著各國社工專業組織的發展，愈被重視與愈被嚴格的審視，醫務社工面對的倫理難題複雜多元，甚至由社工倫理的學者協助醫院社工部門來建立倫理審查機制，以促進醫療組織的倫理實務與減少倫理風險（Kirkpatrick, Reamer, & Sykulski, 2006）。社工實務運作中，常遇到的生命末期抉擇倫理是回應及協助末期病人家庭面對死亡議題、維繫生命的治療安排、維生系統的使用或撤除、停止維生系統後的情緒反應及處理（Csikai & Chaitin, Follmer, 2006）。胡迪（Woody）於1990提出影響倫理決定的五項基礎為：倫理理論、專業倫理守則、專業倫理前提、社會的脈絡及個人與專業的認同。健康照護相關專業不斷發展，有各自的專業組織與倫理守則，醫師也發現倫理抉擇不再是醫師一個專業的考量定奪。

　　杜瓦（Duval）等人於2001年的調查中發現，醫師最常被諮詢的倫理困境為：末期生命的決定、病人自主性、和臨床衝突的倫理議題。因此，由各專業組成的倫理委員會共同處理倫理議題，逐漸成為現代化醫療服務和保障醫療品質的重要制度措施。

　　國內安寧療護建立推展已有二十餘年，醫界、護理界與社工界也各有相關研究及發表。安寧療護在健康照護相關專業的研究所中，一直是研究的重點之一，惟倫理困境議題多從各自專業的角度來看。若根據安寧療護

注重專業整合的團隊特色,應可由跨專業整合的觀點,及納入病人、家屬抉擇的歷程來看生命末期抉擇的倫理議題與選擇合宜的決策模式。

四、在地的研究發現

作者與台中榮總黃筱峰醫師合作進行系列研究,中國醫藥大學林文元醫師協助,以中部地區台中榮總與中國醫藥大學附設院之安寧病房醫療團隊為研究單位。實際訪談醫師(含兩院倫理委員各一人)5位,護理師4位,社工師2位。以深度訪談、焦點團體進行質化資料蒐集整理。研究發現:

1. 從事安寧療護工作中曾遇到生命末期的倫理抉擇很多,以末期疾病告知的難題最常見。

病人不了解,在照顧溝通上會有衝突,尤其碰上不理性家屬,困難倍增。生命末期的倫理難題,最大的關鍵是醫師,但或因沒時間、擔心被告、醫病互信不足、缺乏溝通技巧,讓末期病情告知曖昧不順暢。

2. 醫療團隊中的醫、護、社工專業不同的看法和作法。

醫療團隊在整合意見和協助病人家屬做生命末期倫理抉擇的困難,在家屬人多意見多、關鍵家屬不來參加家庭會議、缺乏開家庭會議的技巧、沒有合適的空間。然而,透過使用臨床倫理四象限來分析,經由溝通、會議達成團隊共識,加上家庭會議、以病人為中心的溝通、尊重並給家屬考慮的時間,能有效的協助。

3. 未來還應在專業養成教育、在職教育訓練中，不斷加強安寧療護及倫理課程，普及民眾教育有關生死歷程、醫療極限、生命品質的主題。

以中部地區兩家醫學中心安寧病房兩年內的病患家庭為對象，由醫療團隊推薦或由研究者徵求共八個家庭的家屬為樣本，了解他們在接受安寧療護前後所遇到的抉擇難題與需求，並掌握團隊專業人員有幫助和無幫助的行動。

研究結果

一、病人、家屬，在面對生命末期抉擇的難題

（一）醫師未清楚告知醫療極限

最大的困難來自醫生，醫生說明有時會因面對家屬的態度而有轉變，或是不想清楚講壞消息，不想打擊病人、家屬；然而醫師是整個服務的守門員，醫師含糊的末期告知，會造成家人困擾。

（二）家屬的難題常在情感上怎樣面對離別

家屬會因病情變化，也有態度的擺盪不定，需要醫師肯定的說明，然而醫師有效末期告知有困難，因為缺乏訓練、缺乏經驗。有訓練、有經驗的倫理委員及安寧專業人員才能有效協助面臨衝突困境的家屬及對預期哀傷的家屬早做深入處理。

（三）家屬間在如何告知病人末期病情；要不要告知某位家屬、親友；是否選擇安寧療護，都是此期間的困難選擇。

二、病人、家屬、醫療團隊人員間在意見衝突時，有效的處理方法

（一）家屬在照顧上有衝突時，透過護理人員溝通、照顧示範，藉由家庭會議安排照顧的調整得到改善。

（二）家屬與病人在治療上的衝突時，家屬向病人耐心溝通協商，安寧團隊協調溝通可化解。

（三）家人間以往怨懟、債務、家暴史等，有機會在此階段爆發，社

工師可適時關懷轉介資源，協助家人面對處理。

（四）醫療團隊之間或醫療團隊與病家之間的意見衝突，重點不在意見差異，而在於被支持的感受。醫師清楚說明並給予病人、家屬有限時間嘗試醫療選項，最重要是以病人為中心的考量做抉擇。

三、末期階段病家最大的需要及有哪些人提供了協助

（一）病人需要不痛苦，平順的走

　　醫師、護理師有效協助

（二）病人需要陪伴、不覺孤單

　　家人合作搭配照顧，護理師、志工、實習醫師給予協助

（三）病人需要被傾聽、發洩情緒

　　心理輔導、志工奉茶等行動有幫助

（四）病人害怕死亡、未了心願完成

　　宗教師、社工師、護理師提供了協助

（五）家屬需要醫師主動詳細的告知病情和治療

　　治療過程中，尤其是前段醫師告知說明病情很被動、很有限

（六）家屬需要情緒安撫、壓力紓解

　　宗教師、醫師、護理師、社工師、志工、

　　家人分擔支持、朋友關心，都有某種程度的幫助

（七）需要相關資訊取得

　　由網路、書籍可獲得

（八）需要悲傷輔導

　　安寧團隊給了很大的專業協助

四、目前實施安寧療護的障礙和對策

障礙在許多人仍不了解，沒有一致的作法。

焦點團體的專家提出以下對策：

（一）醫療教育中加入安寧緩和

（二）推動預立遺囑

（三）宣導要集中、整合

（四）針對一般媒體做宣導

（五）醫院中主管和行政人員也該受訓

（六）讓一級主管參與倫理委員會

（七）目標是讓有組織的人做有組織的事情

五、安寧病房中頻繁的病人過世，對患者和家屬是很大的衝擊和壓力，有效的處理方法

（一）把安寧病房弄成死亡變的很漂亮！

（二）安寧病房中藉死亡對鄰床作機會輔導。

（三）淨空病床一天做紀念儀式。

（四）國外安寧以照片紀念死者、製作紀念冊。

（五）紐西蘭護理之家死亡病人的做法。

（六）民眾對死亡忌諱，文化對死亡之態度，有很大的影響，均應尊重。

六、對「生命倫理和臨終關懷」在學校教育、專業教育、社會教育中的建議。

（一）醫生只受教於醫生；年輕醫師比較有彈性；教育要由醫生或年輕人的經驗去看他們的困難和看法。

（二）及時學習才有效、醫學人文重要；護理人員將 DNR 列入交班，共同完成。

（三）活化教學方式：小班討論；潛在課程；服務學習。

（四）臨場震撼教育；針對老人、宗教和社會教育。

（五）有經驗的老師帶領；社會文化價值重新思考無效醫療。

（六）健保給付增加末期關懷的給付。

（七）生命末期抉擇要病人、家屬、醫療人員三贏；倫理兩難沒有標準答案；倫理諮詢是取得較合適、可接受的答案。

（八）社會有共識的時候末期抉擇就會水到渠成。

（九）價值抉擇的討論；倫理委員幫忙醫生與家屬做抉擇。

結語

　　社工倫理的重要議題很多，培養社工專業人員的倫理養成教育非常重要，跨專業的合作、倫理的研究亦是重要議題。

　　我國平均壽命不斷延長，生育率卻大幅降低，未來照顧者的負荷更加沉重。科技、醫療的進步，使生命的開始和終了都不只是牽涉到個人，或只發生在家庭中；如何善終，有尊嚴的走完人生最後一程，是安寧緩和療護所致力的目標。臺灣推展安寧療護已超過二十年，在社會大眾逐漸了解安寧療護，健康照顧專業發展快速之際，民眾與專業人員本身均對專業倫理有更高的期待。此時認真檢討生命末期抉擇的倫理議題，應能提供安寧療護專業團隊合乎倫理考量更妥適的團隊決策模式，以有效協助末期病人家庭，及有利推展安寧緩和療護。

情境練習

　　個案為 49 歲的家庭主婦，診斷為癌症末期，全身已多處轉移，非常疼痛。25 歲與 22 歲的子女認為應該讓案主知道病情，但 55 歲的丈夫對於案主的治療表現出強勢的主宰力，擔心案主知道病情會無法承擔，且因有私人醫療癌症保險，故堅決要求團隊保守病情祕密，並要積極治療、急救到底。你對此案的看法為何？你認為較合乎倫理的抉擇與處置為何？

教學參考

課堂活動：

　　1. 短片放映（如預立遺囑、安寧療護短片）。

　　2. 分組報告（同學專題影片放映，並主持所提出的問題與討論）。

　　3. 小組討論及回饋。

　　4. 各組回饋。

學習作業：

　　完成本週小組的討論記錄。

CHAPTER 16
社會工作倫理趨勢與展望

學習目標

1. 認識社會工作專業制度發展的八個關鍵層面。

2. 社會工作倫理在大學教育課程和社工師考試的趨勢。

3. 社會工作倫理在職務晉用、職前／在職訓練的趨勢。

4. 社會工作倫理在專業組織運作、社會認可、國際交流的趨勢。

前言

　　社會變遷快速，社會問題叢生，在需求大增下，社會工作專業應運而生，且被迫迅速成長。社工師能不能提供需要的有效服務？是否值得信賴？社工倫理應扮演重要的關鍵角色。

　　秦燕（2012）提出社工專業制度發展有八個關鍵層面：教、考、用、訓、組織運作、社會認可、專業文化、國際交流，各層面間相互關聯，影響專業制度的建立與運作（圖16-1），以此八個層面來思考社工倫理應有的內涵及運作。

1. **教育養成**：大學院校社工倫理教什麼？怎樣教？
2. **考試**：社工師考試怎樣能考出具社工倫理知能、道德的專業社工師？
3. **職務晉用**：選任適才適所，全心全力投入，熱愛工作的專業人才。
4. **訓練**：職前、在職訓練如何加強臨床社工倫理的判斷，妥適抉擇處置。
5. **專業組織運作**：公會、學會、機關、機構有無倫理委員會及倫理風險管理、爭議審議機制？
6. **社會認可**：社會大眾是否了解社工師信守專業倫理？願意委任、信賴、求助。
7. **專業文化**：長久培養薰陶，形成具倫理素養的專業文化。
8. **國際交流**：社工專業倫理由外借到本土內化，應再做分享交流，與世界接軌。

　　2013 年衛生福利部成立，管理衛生與福利兩個系統，如何保障高效能的福利服務妥適提供，社會工作專業制度建立與穩固發展十分重要，台灣的現行狀況社會工作師專業制度建立運作正進行中但未完備，社會工作師採考試制度，但考試與任用、訓練各自獨立沒有緊扣，考上社會工作師是一個資格，除了公職社會工作師考試以外，並無連結進用職位。社會工作不需要一定具備社會工作師執業執照，甚至不必要是社會工作科系畢業，訓練、督導是各自為政沒有強制力。中小型社會福利機構組織往往因

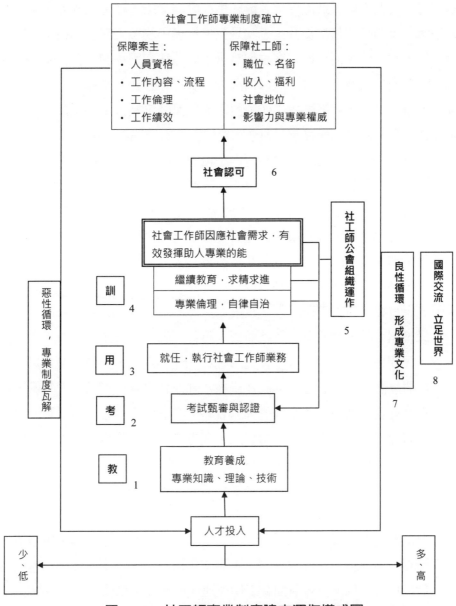

▲圖 16-1　社工師專業制度建立運作模式圖

註：按箭頭各層次之發展，若各層面增多、強化、提高，則良性循環有效發揮專業功
　　能，則社工專業制度可確立、發展、茁壯；若各層面薄弱、稀少、遲滯，落入惡
　　性循環而無法發揮專業功能，則社工專業制度可能瓦解。

資料來源：秦燕（2012）．臺灣社會工作專業制度：本土模型的構思．社會政策與
　　　　　社會工作學刊，16（1），237-267。

為財力、人力不足，缺乏專業督導、生涯發展受限，社會工作人才流失情形嚴重，專業品質無法提升，尤其是偏遠規模小的私人社會福利組織的社會工作者留不住，而該地之案主卻是最需要關注和服務的。至於醫務社會工作因為未納入醫事人員，尚未列入人力統計和管理。衛福部目前使用的社工人力資源系統只將社會工作師與家暴兒保社工納入系統，在相較於醫事專業人力，社會工作專業人力極需要較完善的管理！

社會工作專業制度建立穩固運作順暢需要時間，衛生福利部時代推動衛生社會福利落實不能等待，社會工作專業人力要積極規劃，具體按期執行。社會工作專業人力資格終究要與衛生及其他專業相同，需具專業證照、納入管理並不斷提升素質與能力。若以《社會工作師法》實施三十年作為專業制度穩固的期程，2027 年所有專業人力需具社工師證照，在這之前為過渡時期，如何努力達到讓全民接受社工專業服務的提供，社工專業人力的規畫與管理為當務之急。建議：

以證照考試、註冊登記雙軌並行，將社工師及社會工作專業人力納入管理。民間單位進用之社會工作員須社會工作系畢業，工作三個月以上必須需註冊登記，納入管理，異動及訓練，註冊資格延續均需登記報備，且作為補助計畫方案及年資審查的備查資料，亦需繳交合宜的詮冊費。社工司將所有社工師及社工專業人力登錄，在專業執行及督導部分則尊重社會工作所在之目的事業管理部會的職權，社工師職業執照換發及註冊的延長均需配合。繼續教育訓練，中央主管機關社工司的編制人力也應合宜擴充（秦燕，2015）。

社工倫理還有很長的路要走，我國在教、考、用、訓及專業組織等部分都已起步精進中，在社會認可、專業文化建立、國際交流等項目還很貧乏，尚待推廣。以下就各層面社工倫理運作現況及未來展望，一一說明。

第一節　教育養成

　　我國社工倫理教育發展的相關內容請參閱16章。其中社會工作教育學會提出「社工倫理課程規劃與設計」，未來期待該會能繼續推動社會工作課程教學與評量。納入教師、實務工作者、學生代表討論修訂合宜的課程設計，包含內容、教法與合宜的授課師資（如學位、證照、實務經驗、授課能力等）。甚至可以考慮與社工實習結合，於第二階段實習時，同時修習社工倫理課程，讓學生配合倫理知識加強、實務操作運用、現實狀況中的反省，判斷與抉擇，同時有學校及機構督導的指導和協助。讓學生在社工養成教育的階段中，就對社工倫理價值有深刻務實的學習，並且能檢視本身價值與願景的相合度，幫助學生選擇是否投入社工專業職涯，及預備投入須面對的倫理挑戰和課題。

第二節　考試

　　社工師考試的應試資格自2013年起更新，將社工倫理列為必須修習通過的社會工作概論領域課程中的兩個學科項目之一。在考試科目的六個專業科目中，有四個科目（社會工作、社會工作直接服務、社會工作研究方法、社會工作管理）的命題大綱都有社工倫理的部分。

　　由實際命題的狀況看來，社工倫理也有逐漸加重的趨勢。然而如何以考題的方式測驗、篩選出具備社工倫理知能、道德的專業人才，是最難的部分。出題者與改題者很重要，應考量其是否具專業科目教學及實務經驗。社工師考試一向注重的是出題者的教授資格，閱卷原則由出題者擔任，「考題艱澀、給分嚴苛」是以往常有的批評，近年由於命題大綱的訂定，考題艱澀的部分已改善很多。

　　出題要有題庫，平時就由學、經驗豐富的學者、專家（實務工作者），針對專長的科目全面性出題，隨機選入每次考試，尤其現在每科

50％分數為測驗題，需要更多的題數及更精準的答案。社工倫理最好是以案例來作題，這非得實務工作者才能出得貼切。閱卷每科應有實務工作者參與，且要給閱卷者合理的時間，所以依現行考試的人數，應增加閱卷人數，申論題每份考卷應由2人評分，分數差距太大則需再評，以收公平。若題庫合理，未來測驗題取代申論題，也可減少閱卷人數即達公平。考試院已正視此項呼籲，期待近期即有突破。

2014年起由衛生福利部辦理專科社工師的考試，專精實務的知能和倫理更具挑戰性，讓專業考試回到專業自主自律，讓有專科領域知能、倫理、經驗的專科社工師主導甄試，除了筆試，未來應加入實作案例報告及口試，且專科領域的倫理試題更應掌握適當的研判處理，乃至倫理風險管理等有更高的要求。

第三節　職務晉用

如何選任適才適所、全心投入、熱愛工作的專業人才？社會工作的領域很廣，服務對象多元，舉凡醫療、心理衛生、兒童、青少年、婦女、家庭、老人、身心障礙、司法、學校、社區等。社工師任職的單位可以是政府機關、民間機構、基金會、非營利組織或團體，甚至是社工師事務所。由於每個機構或許有不同的宗旨、願景、價值、目標，社工師會因為執業領域的單位特性差異，及服務對象的變化，而面臨不同的價值衝突、倫理挑戰。機構若能清楚的標明職務的角色、工作內容及倫理要求，並在筆試和面試中納入倫理議題與抉擇，可以幫助選任適才適所的社工師。

第四節　訓練

職前、在職訓練如何加強執業社工的倫理判斷、妥適抉擇處置？學校

教導社工學生基本知能、技術和倫理態度，但要能快速融入特定領域的工作和職務，職前和在職訓練是專業用人不可輕忽的。有規劃訓練、有督導帶領及執行，並要加強倫理難題的認識、判斷、抉擇與處置。

在職訓練中要有定期的讀書報告、個案研討，其中安排及強調倫理的議題，督導要有更高的倫理要求及倫理推展的能力，小單位無法聘有專人督導，亦應有合宜的聯合督導或外聘兼職督導。

國內社工和社福機構在訓練部分的差異很大，但有愈來愈重視訓練和督導的趨勢，只是還未將倫理議題放爲優先的重點，是需要再繼續努力的。現行機構或方案評鑑已加入倫理項目，社工師修法後，執業執照延續更新，需每6年有180點以上的繼續教育積分認證，其中必須至少有16點爲社工倫理，專科社會工作師（甄審資格需服務五年以上）並要求接受專科社工師之督導訓練連續6個月或6個月至3年內累計達150小時。專科社工師的執業執照更新，需實際從事專科社會工作兩年以上，並每6年有120點的繼續教育積分認證，且包含專業倫理課程。社工師及專科社工師職業執照更新使繼續教育訓練包含倫理部分更爲加強。

第五節　專業組織運作

公會、學會、協會、機關、機構有無倫理委員會及倫理風險管理、爭議審議制度？社工師公會全聯會在2009年成立倫理委員會，2010年訂定倫理申訴要點，開始執行倫理爭議案件審議，惟仍屬草創運作，未臻成熟。倫理委員會在倫理守則解釋、諮詢、修訂、宣導，專業倫理教育訓練規劃與實施，倫理爭議案件審理，督促社會工作機構提升倫理能力，尤其對私人執業的社工師事務所的倫理監督與協助等都是急待加強的。

國內以社會工作爲名的各全國性專業團體尚有中華民國醫務社會工作協會、臺灣社會工作專業人員協會、台灣社會工作教育學會、台灣心理衛生社會工作學會等，據筆者了解這些機構都尚未有倫理委員會之設立，但

已在研討中。社會工作專業人員協會曾擬定社會工作研究倫理草案,近年各專業團體亦都加強倫理相關研討會及訓練的辦理。

　　然而社會工作的主管機關(中央為社會司或衛福部,地方為社會局)才是更迫切需成立社工倫理委員會或社工倫理爭議審議機制的,期待在近期可以成立,而不是到嚴重案件頻繁發生,不及因應。事實上,大型福利機構也應該早日籌謀,成立倫理委員會,研商倫理風險管理及建立爭議審議機制。目前幾家醫學中心級的醫院成立倫理委員會,甚至提供工作人員及病人家屬倫理諮詢,是很好的範例。

第六節　社會認可

　　社會大眾是否了解社工師信守專業倫理?願意委任、信賴求助?這是大哉問。

　　一般大眾對社會工作專業的認識還不普遍,要在民眾心目中成為一個重倫理、值得信賴的專業,還需要更多的宣導行銷及落實服務的印證。惟有社會的認可,才能真正給予社工師專業穩固的服務平臺,惟有信賴案主可以得到專業妥善的協助和保障,社會才願意給予專業更好的職位和權能。

第七節　專業文化

　　長久培養薰陶,形成具倫理素養的專業文化,是期待所有的社工人可以一起努力的目標。

第八節　國際交流

　　社工專業倫理由外借到本土內化，應再作分享交流、世界接軌。2012年臺灣師大社工研究所與社工師公會全聯會、亞洲大學、高雄市政府合作，在北、中、南辦理了三場社會工作倫理國際研討會，邀請美國的倫理大師雷默及英國的班克（Bank）教授來臺，讓國內的學生及實務工作者有機會在社工倫理的議題開展國際視野及交流。未來可再加強大學院校、專業團體與其他國家在社工倫理主題上的互訪、聯盟、合作研究。在全球化的影響下，社工倫理的世界規範性必須重視，社工執業服務的國際流動也是趨勢，如何面對文化地域倫理衝突與調適等議題應及早思考、預作準備。網路溝通無遠弗屆，頻繁快速的交流中，網路倫理探討愈加迫切。

結語

　　隨著社工專業的發展，社工倫理議題的重視和強化是必然的趨勢，每位社工人要作好準備，成為專業的助人者之前，先由認識社會工作倫理，願意委身向案主、同僚、前輩學習、願意對專業做承諾、真誠付出；願意向社會大眾展現責信、爭取認可。社工師的倫理操守要能與社工知識、技術一起增長，經得起考驗，我們才能期待社會工作專業可以穩定成長茁壯。

情境練習

1. 完成社工倫理的課程後，你的收穫為何？

2. 你認為課程中最有幫助的部分為何？

3. 你認為社會工作是你願意委身投入的專業或職業嗎？理由是？

4. 要成為一個睿智的、有效的助人社工師，你覺得在倫理部分自己有
   哪些長處？有哪些部分還需要再加強？你有什麼具體的計畫？

情境練習

課堂活動：

　　1. 小組討論：整體課程之心得報告與回饋。

　　2. 期末考。

學習作業：

　　1. 繳交各組期末專題之影片光碟及書面報告。

　　2. 繳交各組評分表、小組自評表。

　　3. 繳交個別心得報告（如對社工倫理的認識、反思與期許）。

參考文獻

中華民國社會工作師公會全國聯合會（2009，7月18日）・中華民國社會工作師公會全國聯合會會員倫理申訴處理要點・取自 http://www.nusw.org.tw/modules/tadnews/page.php?nsn=280

中華民國社會工作師公會全國聯合會（2008）・社會工作倫理守則・取自 http://www.nusw.org.tw/modules/tadnews/page.php?nsn=287

中華民國智障者家長總會（無日期）・常見問題・取自 http://www.papmh.org.tw/ugC_Faq.asp?hidPage1=1&hidFaqCatID=1&hidLastItem=15

內政部統計處（2015）・人口年齡分配・取自 http://sowf.moi.gov.tw/stat/year/list.htm

方志華（2004）・關懷倫理學與教育・臺北市：洪葉。

牛格正、王智弘（2008）・助人專業倫理・臺北市：心靈工坊。

王永慈、許臨高、張宏哲、羅四維主編（2002）・社會工作倫理應用與省思・新北市：輔仁大學。

王秀燕（2010）・現實與使命的掙扎——臺灣社工人力配置・社區發展季刊，129，114-127。

田秀蘭、彭孟堯（2011）・社會工作倫理・臺北市：學富。

江季璇、洪秀珍（2010）・公眾倫理：在道德十字路口的抉擇・臺北市：洪葉。

江亮演、余漢儀、葉肅科、黃慶鑽（2001）・老人與殘障福利・臺北市：空大。

何艾倫（2008）・心理諮商人員專業倫理思考導向與相關影響因素之探究・未出版的碩士論文・臺北市：臺北教育大學心理與諮商學系研究所。

何懷宏（2002）・倫理學是什麼・新北市：揚智。

吳玟蕙（2008）・我國老人憂鬱程度、健康狀況與醫療服務利用之相關性探討——「2005年國民健康訪問調查」資料分析・未出版的碩士論文・臺中市：亞洲大學健康管理研究所。

吳敏華（2008）・建立醫療組織倫理評鑑制度之初探・未出版的碩士論文・臺北市：臺北醫學大學醫務管理學研究所。

呂佩佩、陳美伶、鍾昌宏、唐婉如（2004）・癌症病患及家屬對不予急救的認知與態度・腫瘤護理雜誌，4（1），15-22。

余宜叡、林益卿、蔡佩渝、盧建中（2010）・從事安寧緩和療護工作之困境與轉變之研究——家庭醫學科住院醫師之觀點・安寧療護雜誌，15（1），35-46。

李宗派（2002）・探討美國社會工作之教育政策與立案標準・社區發展季刊，99，126-

141。

李宛亭（2011）。政府科層組織與社會工作專業之結合──以臺北縣市區域社福中心之社會工作者爲例。未發表的碩士論文。臺北市：臺灣師範大學社會工作研究所。

李瑞全（1999）。儒家生命倫理學。臺北市：鵝湖。

沈明彥（2005）。非營利組織之危機管理實務分析──以 CCF 嘉義家庭扶助中心爲例。社區發展季刊，113，225-235。

沈清松（1992）。科技發展的倫理議題。於總統府編印，民國81年8月17日總統府8月份國父紀念會報告。臺北市：總統府。

辛幸珍（2006）。以家庭爲中心之價值觀對老年末期醫療抉擇之影響：比較台灣年老者與紐西蘭老人之觀點。臺灣醫學人文學刊，7（1、2），179-190。

辛幸珍、戴正德（2000）。倫理理論的應用。於戴正德等編著，醫學倫理導論。臺北市：教育部。

周月清（2000）。障礙福利與社會工作。臺北市：五南。

周宛青（2010）。假倫理、眞社工？一個社會工作者的社工倫理實踐與生命反思歷程。未發表的碩士倫文。臺北市：臺北大學社會工作研究所。

林火旺（1999）。倫理學。臺北市：五南。

林美伶、葉莉莉、陳清惠（2009）。影響病人參與醫療決策之論述。護理雜誌，53(6)，83-87。

林萬億（2006）。當代社會工作理論與方法。臺北市：五南。

林靜芳、王裕（2010）。協助漸凍人撤除呼吸器之護理經驗：個案報告。安寧療護雜誌，15（2），229-239。

邱泰源（2005）。「以病人爲中心的末期照護」之醫學教育──醫學系課程。行政院國家科學委員會專題研究計畫。

邱泰源（2003）。安寧緩和醫療末期照護在醫學教育推展之研究。行政院國家科學委員會專題研究計畫。

邱泰源（2002）。癌末期病人之照護體系：臺灣安寧和緩和醫療之文獻回顧。臺灣醫學，6（3），332-339。

侯淑茹（2015）。程序正義與案主人身安全議程之衝突：以家內性侵案件爲例。出自秦燕主編（2015）。社會工作倫理案例彙編第三輯。21-40頁。中華民國社會工作師公會全國聯合會。台北市。

姜月桃、蕭宏恩（2006）。護理倫理個案解析及探討。臺北市：高立。

姚建安、邱泰源、陳慶餘、胡文郁（2004）。安寧緩和醫療知事態度臨床技能問卷調查文獻分析。安寧療護雜誌，8（2）134-142。

洪玉馨、吳維珊、黃韻琴、章甄凌、林均澄、徐海蓓、周文其（2010）。失智症住院病人的安寧療護──北區某區域教學醫院經驗分享。安寧療護雜誌，15（2），161-170。

紀櫻珍、紀琍琍、吳振龍、黃松本（2006）。醫學倫理與醫病關係。北市醫學雜誌，3（12），1144-1154。

胡中宜（2003）。社會工作人員專業倫理決策過程之研究。未發表的博士論文。臺中

市：東海大學社會工作學系研究所。

胡文郁（1997）・基層社區醫護人員對提供安寧／緩和照顧的行為意向極其影響因素之研究・行政院國家科學委員會專題研究計畫成果報告。

胡慧嫈（2000）・社會工作專業化之信託制度研究・未發表的博士論文・臺中市：東海大學社會工作學系研究所。

香港註冊社會工作者註冊局（2010，1月15日）・註冊社會工作者工作守則・取自 http://www.swrb.org.hk/chiasp/draft_cop_c.asp

孫震（2009）・企業倫理與企業社會責任・臺北市：天下遠見。

徐芊慧（2003）・社工員處遇個案的倫理困境與價值抉擇之研究・未發表的碩士論文・南投：暨南國際大學社會政策與社會工作學系。

徐震、李明政（2010）・社會工作倫理・臺北市：五南。

徐震、李明政（2004）・社會工作思想與倫理・臺北市：松慧。

秦燕（2015）・安寧療護與悲傷輔導・高雄市：巨流。

秦燕（2015）衛生福利部時代的社會工作專業人力之檢視與反思。社會工作實務與研究學刊，2，25-40。

熊蕙筠、王怡人、薛淑珍、賴宜弘（2019）・醫務專科社會工作師核心職能與訓練評量之研究：以某醫學中心為例。臺灣社會工作學刊，22，121-152。

秦燕、張允閎（2013）・社會工作倫理教育的現況與展望・聯合勸募論壇2（1）129-150.。

秦燕（2012）・臺灣社會工作專業制度：本土模型的構思・社會政策與社會工作學刊，16（1），237-267。

秦燕（2011）・醫務社會工作定位：工作內容與學生實習・社區發展季刊，136，77-86m。

秦燕（2009）・全球化與華人社會──社會工作專業制度的建立與世界接軌・2009亞洲大學第三屆「『全球化』與華語敘述」國際研討會・臺中市：亞洲大學。

秦燕（2009）・醫務社會工作（二版）・高雄市：巨流。

高國書（2008）・安寧工作者生命教育觀點與工作調適之探討・未出版的碩士論文・臺中市：亞洲大學社會工作研究所。

高鴻文（2003）・安寧療護理念衛教方案介入對大學生善終信念、安寧療護知識及接受度之影響・未出版的碩士論文・臺中市：亞洲大學健康管理研究所。

張允閎（2012）・社會工作師倫理實踐經驗與對倫理教育的看法・未出版的碩士論文・臺中市：亞洲大學社會工作學系研究所。

張允閎（2011）・社工師對社工倫理的教育與實施專訪・未出版的報告・臺中市：亞洲大學社會工作學系研究所。

張巧靜（2006）・影響中部地區基層護理人員對麻醉性止痛藥物的使用意願──以嗎啡為例・未出版的碩士論文・臺中市：亞洲大學長期照護研究所。

張麗卿（2009）・實證醫學在醫療過失審判實務上的意義──從胃線癌存活率談・東吳法律學報，21（2），1-30。

教育部大學院校課程資訊網（2011，7月14日）・課程查詢：社會工作倫理・取自 http://

ucourse.tvc.ntnu.edu.tw/webu/。

莫藜藜（2007）・臺灣社會工作學科教育的發展與變革的需求・社區發展季刊，120，
　　30-47。

郭素珍、許樹珍、陳祖裕、曾建元、楊雅惠、蔣欣欣、蘇逸玲（2008）・醫療倫理諮詢
　　——理論與實務・臺北市：五南。

陳秉漳、陳信木（1990）・價值社會學・臺北市：桂冠。

陳映幸、李明濱（2000）・醫學倫理之倫理與原則・醫學教育，4，3-22。

陳盛文（2004）・安寧護理人員的專業角色調適・未出版的碩士論文・嘉義：南華大
　　學生死學系研究所。

陳瑛治（1994）・價值對諮商的影響・輔導季刊，30（4），21-26。

陳榮基（2008）・臨床醫師如何處理 DNR・醫療品質雜誌，2（5），34-37。

陳榮基（2004）・安寧緩和醫療條例的實施與困境・臺灣醫學，8（5），684-687。

陳慶餘（2003）・癌末病人死亡恐懼影響因素之分析・安寧療護雜誌，8（2）134-142。

曾華源、白倩如、李仰慈（2010）・社會工作人力質量需求與專業人力資源養成制度之
　　省思・社區發展季刊，129，76-94。

曾華源、胡慧嫈、李仰慈、郭世豐（2012）・社會工作專業價值與倫理概論（二版）・
　　臺北市：洪葉。

黃光國（1999）・儒家倫理與專業倫理：矛盾與出路・思而言，37（4），31-57。

黃冠能（2003）・安寧緩和社會工作臨終倫理態度初探・未出版的碩士論文・臺北市：
　　臺灣大學社會工作研究所。

黃苓嵐（2009）・醫學倫理教育——由理論到實踐・新北市：新文京。

楊國樞、余安邦、葉明華（1991）・中國人的個人傳統性與現代性：概念與測量・於
　　楊國樞、黃光國主編，中國人的心理行為・臺北市：桂冠。

楊慧玲（2004）・心理衛生之概念與實務・臺中市：華格那。

葉珊秀（2005）・安寧療護領域中癌末病患暨家庭社會工作處遇模式之探討・未出版
　　的碩士論文・南投：暨南國際大學社會政策與社會工作學研究所。

詹火生（2007）・臺灣社會工作專業發展的經驗與展望・社會發展季刊，120，21-29。

廖秋芬（1997）・社會工作員對兒童保護案件處遇計畫的價值抉擇之研究・未出版的
　　碩士論文・臺中市：亞洲大學社會工作學系研究所。

臺中榮民總醫院（2020，7月11日）・「臺中榮民總醫院臨床倫理諮詢業務」・取自
　　http://www.vghtc.gov.tw/

趙可式（2009）・臺灣安寧療護的發展與前瞻・護理雜誌，56（1），5-10。

趙可式（2007）・安寧伴行・臺北市：天下遠見。

趙可式（2006）・安樂死與安寧療護・於戴正德等編著，醫學倫理導論（增訂版，121-
　　134）・臺北市：教育部。

趙可式（2003）・醫學生、醫師、護理學生、護理人員、末期病人及其最親近家屬對臨
　　終事件之感受、觀點與行為反應・行政院國家科學委員會專題研究計畫。

蔡元培（2010）・中國倫理學史・臺北市：五南。

蔡文輝（2003）・老年社會學・臺北市：五南。

蔡甫昌（2007）・臨床倫理病案討論・臺北市：橘井。

蔡甫昌（2006）・重症加護病人照護之倫理議題・臺灣醫學，10（1），105-114。

蔡佩眞（2004）・癌末家庭病情溝通之倫理困境與社會工作倫理辨明・安寧療護雜誌，
　　9（2），141-152。

蔡貞慧（1992）・社會工作價值體系之研究──概念趨向分析・未發表的碩士論文・臺
　　北市：臺灣大學社會學研究所。

盧兪霞（2008）・醫務管理學生之醫務管理倫理態度與醫務倫理教育需求・未出版的
　　碩士論文・臺北市：臺北醫學大學醫務管理學研究所。

盧美秀（2007）・醫護倫理學・臺北市：五南。

蕭武桐（2001）・公務倫理・臺北市：智勝。

蕭麗卿（2001）・非安寧療護醫師對安寧療護認知及轉介研究・未出版的碩士論文・嘉
　　義：南華大學生死學研究所。

蕭麗雯（2008）・中彰地區長期照護機構工作人員對安寧療護之知識、態度及行爲之探
　　討・未出版的碩士論文・臺中市：亞洲大學健康管理研究所。

賴允亮（2006）・Taiwan hospice palliative care: A step by step development・安寧療護雜
　　誌，11（4），404-415。

賴倩瑜（2004）・心理衛生・臺北市：揚智文化。

戴正德、李明濱主編（2004）・醫療兩難之倫理抉擇・臺北市：教育部。

簡春安、趙善如（2008）・社會工作哲學與理論・高雄市：巨流。

羅玉岱（2010）・Making end-of-life decisions: Revisit Chinese cultural perspectives・安寧
　　療護雜誌，15（2），187-195。

嚴久元（1999）・當代醫事倫理學・臺北市：橘井。

包承恩、王永慈（譯）（2011）・社會工作價值與倫理（三版）（原作者：F. G. Reamer）・
　　臺北市：洪葉。（原著出版於2006）

何金蘭、詹宜璋（譯）（2009）・社會工作概論（二版）（原作者：O. W. Farley, & L. L.
　　Smith）・臺北市：學富。

余德慧（2004）・倫理的開頭／生命的療癒・於蔡錚雲等譯，醫院裡的危機時刻：醫
　　療與倫理的對話（原作者：R. M. Zaner）・臺北市：心靈工坊。

李是慰（譯）（2009）・研究倫理：以人爲受試對象（原作者：B. D. Sales, & S. Folkman）・
　　臺北市：五南。

葉琇姍、陳汝君（譯）（2004）・失能、障礙、殘障：身心障礙者社會工作的省思（原
　　作者：M . Oliver, & B. Sapery）・臺北市：心理。

劉汗曦、蔡佩玲、林欣柔（譯）（2006）・健康照護倫理：臨床執業指引（原作者：R.
　　S. Edge, & J. R. Groves）・新北市：普林斯頓。

蔡甫昌（譯）（2004）・臨床生命倫理學（原作者：P. A. Singer）・臺北市：金名。

蔡錚雲、龔卓軍（譯）（2004）・醫院裡的危機時刻：醫療與倫理的對話（原作者：R.
　　M. Zaner）・臺北市：心靈工坊。

衛生福利部社會及家庭署（2015）・各項資料統計表・取自http://www.sfaa.gov.tw/SFAA/
　　Pages/List.aspx?nodeid=358

衛生福利部統計處（2015）‧身心障礙者人數‧取自 http://www.mohw.gov.tw/cht/DOS/
　　Statistic.aspx?f_list_no=312&fod_list_no=4198

黎正中（譯）（2008）‧企業倫理：倫理決策訂定與案例（原作者：O. C. Ferrell, & L.
　　Ferrell）‧臺北市：華泰。

AASW (2010). *Code of Ethics*. Retrieved from http://www.aasw.asn.au/document/item/740

Allen, S. F., & Tracy, E. M. (2008). Developing student knowledge and skills for home-based
　　social work practice. *Journal of Social Work Education*, 44(1), 125-143.

Anderson, D. J. (1999). *Social Work Values and ethics: Identifying and Resolving Professional
　　Dilemmas*. Belmont: Wadsworth Group/Thomson.

Apgar, D. H., & Congress, E. (2005). Ethical beliefs of social work researchers: Resuits of a
　　national study. *Journal of Social Service Research*, 32(2), 61-80.

Banks, S. (2008). Critical commentary: Social work ethics. *British Journal of Social Work*,
　　38(6), 1238-1249.

BASW (2012). *Code of Ethics*. Retrieved from http://www.basw.co.uk/codeofethis/

Beauchamp, T. L., & Childress, J. F. (2001). *Principles of biomedical ethics* (5th ed.). Oxford:
　　Oxford University Press.

Bilson, A. (2007). Promoting compassionate concern in social work: Reflections on ethics,
　　biology and love. *British Journal of Social Work*, 37(8), 1371-1386.

Boehm, A. (2009). Business social responsibility: Perspectives of businesses and social
　　Workers. *Journal of Social Service Research*, 35(3), 262-273.

Bowman, J., & Menzel, D. (1998). *Teaching ethics and values in public administration
　　programs: Innovations, strategies, and issues*. Albany. New York: State University of
　　New York Press.

Bronstein, L. P., & Vega, A. (2007). Goodness of fit: Social work education and practice in
　　health care. *Social Work in Health Care*, 45(2), 59-76.

Byock, I. (2002). The meaning and value of death. *Journal of Palliative Medicine*, 5(2), 279-
　　281.

Chadwick, R. (1998). *Encyclopedia of applied ethics*. San Diego, CA: Academic Press.

Chichin, E. R., Burack, O. R., & Olson, E. (2000). *End-of-life ethics and the nursing assistant*.
　　New York: Springer Publishing Company.

Clark, C. (2006). Moral character in social work. *British Journal of Social Work*, 36(1), 75-89.

Clifford, D., & Burke, B. (2005). Developing anti-oppressive ethics in the new curriculum.
　　Social Work Education, 24(6), 677-692.

Congress, E. P. (1998). *Social work values, identifying and resolving professional dilemmas*.
　　Connecticut: Thomson Learning.

Congress, E., & McAuliffe, D. (2006) Social work ethics-Professional codes in Australia and
　　the US. *International Social Work*, 49(2), 151-164.

Corey, G., Corey, M. S., & Callanan, P. (2001). *Issue and ethics in helping professions*. NJ:
　　Brooks/Cole

Council on Social Work Education (2008). *Educational policy and accreditation standards*. Virginia: Council on Social Work Education.

Csikai, E. L., Chaitin, E., & Follmer, D.C. (2006). *Ethics in end-of-Life decisions in social work practice*. Chicago: Lyceum Books.

Davidson, J. C. (2005). Professional relationship boundaries: A social work teaching module. *Social Work Education*, 24(5), 511-533.

Difranks, N. N. (2008). Social workers and the NASW Code of Ethics: Belief, behavior, disjuncture. *Social Work*, 53(2), 167-176.

Donovan, M. (2007). Ethics and reflecting processes: A systemic perspective. *Journal of Social Work Practice*, 21(2), 225-233.

Educational Policy & Accreditation Standards (2010, March). *Council on social work education*, CSWE. Retrieved from http://www.cswe.org/File.aspx?id=13780 .

Fine, M., & Teram, E. (2009). Believers and skeptics: Where social worker situate themselves regarding the code of ethics. *Ethics & Behavior*, 19(1), 60-78.

Fisher, M. S. (2006). Psychosocial evaluation interview protocol for pretransplant kidney recipients. *Health & Social Work*, 31(2), 137-144.

Fletcher, J. (1954). *Morals and medicine*. Boston: Beacon Press.

Gambrill, E. (2007). Views of evidence-based practice: Social workers' code of ethics and accreditation standards as guides for choice. *Journal of Social Work Education*, 43(3), 447-462.

Gibelman, M. (2005). Social workers for rent: The contingency human services labor force. *Families in Society-the Journal of Contemporary Social Services*, 86(4), 457-469.

Gordon, W. (1965). Knowledge and value: Their distinction and relationship in clarifying social work practice. *Social Work*, 10(2), 32-35.

Gorovitz, S. (1971) *Utilitarianism: Text and commentary* (editor and introduction). Indianapolis: Bobbs-Merrill.

Greeno, E. J., Hughes, A. K., Hayward, R. A., & Parker, K. L. (2007). A confirmatory factor analysis of the professional opinion scale. *Research on Social Work Practice*, 17(4), 482-493.

Guide to Social Work Ethics Course Development (2011, July). *Association of social work boards, ASWB*. Retrieved from http://www.aswb.org/pdfs/ASWBEthicsCourseGuide.pdf.

Hastings, Cr. (1980). *The teaching of ethics in higher education*. NY: Hastings-on-Hudson.

Hepworth, D. H., Rooney, R. H., & Larsen, J. A. (1997). *Direct social work practice: Theory and skills* (5th ed.). NJ: Brooks/Cole.

Hodge, D. R. (2007). The spiritual competence scale: A new instrument for assessing spiritual competence at the programmatic level. *Research on Social Work Practice*, 17(2), 287-295.

Hoefer, R., & Jordan. C. (2008). Missing links in evidence-based practice for Macro social work. *Journal of Evidence-based Social Work*, 5(3/4), 549-568.

Hyland, T. (1996). Professionalism, ethics and work-based learning. *British Journal of Educational Studies*, 44(2), 168-180.

Johhson, L. C. (1983). *Social work practice: A generalist approach Boston*. Lodon: Allyn and Bacon.

Joseph, V. (1985). A model for ethical decision-making in clinical practice. In C. B. Germain (Ed.), *Advances in clinical social work practice* (pp.207-217). Sliver Spring, MD: NASW.

Juujarvi, S. (2006). The ethics of care development: A longitudinal study of moral reasoning among practical-nursing, social-work and law-enforcement students. *Scandinavian Journal of Psychology*, 47(3), 193-202.

Kaplan, L. E. (2006). Moral reasoning of MSW social workers and the influence of education. *Journal of Social Work Education*, 42(3), 507-522.

Kirkpatrick, W. J., Reamer, F. G., & Sykulski, M. (2006). Social work ethics audits in health care settings: A case study. *Health & Social Work*, 31(3), 225-228.

Kuebler, K. K., Heidirich, D. E., & Esper, P. (2006). *Palliative & End-of-life care: Clinical practice guidelines*. New York: Elsevier Science Health Science div.

Kuhse, H., & Singer, P. (1998). *A companion to bioethics*. Oxford: Blackwell.

Levy, C. S. (1984). Values and ethics. In S. Dillick (Ed.), *Value foundation of social work* (pp.17-29). Detroit: School of Social Work, Wayne State University.

Levy, C. S. (1973). The value base of social work. *Journal of Education for Social Work*, 9, 34-42.

Marsh, F. C. (2005). Social justice: Social works organizing value. *Social work*, 50(4), 293-294.

McLead, D. L., & Meyer, H. (1967). A study of the value of social worker. In E. J. Thomas (Ed.), *Behavior Science for Social Work*. New York: A Divison Macmillan.

Miley, K., & Dubois, B. (2007). Ethical preferences for the clinical practice of empowerment social work. *Social Work in Health Care*, 44 (1-2), 29-44.

Morales, A., & Sheafor, B. W. (1986). *Social Work: A profession of many faces* (4th ed.). Boston: Allen & Bacon.

Morton, j. (2009). Anti-oppressive ethics and values in social work. *British Journal of Social Work*, 39(4), 778-780.

Murray, A. (2008) Ethical practice in social work: An applied approach. *Journal of Social Work Practice*, 22(3), 393-396.

NASW (1996). Code of Ethics. Retrieved from http://www.socila.workers.org/pubs/code/default.asp

National Association of Social Workers, Code of Ethics Revision Committee. (1998). *Current controversies in social work ethics: Case examples*. Washington, D.C.: NASW Press.

Noddings, N. (1992). *The challenge to care in schools: An alternative approach to education*.

New York: Teachers College.

Noddings, N. (1984). *Caring: A feminine approach to ethics and moral education*. Berkeley: University of California.

O'Donnell, P., Farrar, A., BrintzenhofeSzoc, K., Conrad, A. P., Danis, M., Grady, C., ... Ulrich, C. M. (2008). Predictors of ethical stress, moral action and job satisfaction in health care social workers. *Social Work in Health Care*, 46(3), 29-51.

Parrott, L. (2006). *Values and Ethics in Social Work Practice*. Exeter: Learning Matters Ltd.

Poe, M. A. (2007). Fairness is not enough: Social justice as restoration of right relationships. *Social Work & Christianity*, 34(4), 449-470.

Pollack, D. (2007). Sexual orientation and religion from the perspective of the code of ethics. *Social Work*, 52(2), 179-180.

Pullen, A. (2007). Ethics and values in social work (3rd ed.). *British Journal of Social Work*, 37(1), 161-162.

Reamer, F. G. (1953). *Ethics education in social work*. Advancing social work education.

Reamer, F. G. (2008). Social work management of error: Ethical and risk management issues. *Families in Society-the Journal of Contemporary Social Services*, 89(1), 61-68.

Reamer, F. G. (2005). Documentation in social work: Evolving ethical and risk-management standards. *Social Work*, 50(4), 325-334.

Reamer, F. G. (2001). *The social work ethics audit: A risk management tool*. Washington, D. C.: NASW Press.

Reamer, F. G. (1998). *Ethical Standards in Social Work: A Review of the NASW Code of Ethics*. Washington, D. C.: NASW Press.

Reich, W. T. (1995). *Encyclopedia of bioethics*. New York: Macmillan.

Reish, M., & Lowe, J. L. (2000). Of means and ends. Revisited: Teaching ethical community organizing in an unethical society. *Journal of Community Practice*, 7(1), 19-38.

Roberts, A. R. (1999). *Social Work Values and Ethics*. CA: Wadsworth Group.

Rokeach, M. (1973). *The nature of human values*. New York: Free Press.

Rosenberg, G. (1983). Practice roles and functions of the health social workers. In S. M. Rosalind, & R. Helen (Ed.). *Social work issues in health care*, New Jersey: Prentice-Hall.

Santhiverran, J. (2009). Compliance of Social Work E-therapy Websites to the NASW Code of Ethics. *Social Work in Health Care*, 48(1), 1-13.

SASW (2004). *Code of Professional Ethics Preamble/Guiding Principles*. Retrieved from http://www.sasw.org.sg/site/constitution/code-of-professional-ethics-preamble-guilding-preinciples.html

Saxon, C., Jacinto, G. A., & Dziegielewski, S. F. (2006). Self-determination and confidentiality: The ambiguous nature of decision-making in social work practice. *Journal of Human Behavior in the Social Environment*, 13(4), 55-72.

Schlesinger, E. G. (1985). *Health care social work practice- concepts and strategies*. New Jersey: Times Mirror Mosby.

Steinman, S. O., Richardson, N. F., & McEnroe, T. (1998). *The ethical decision-making manual for helping professionals*. NJ: Brooks/Cole.

Tam, D. M. Y., & Coleman, H. (2009). Construction and validation of a professional suitability scale for social work practice. *Journal of Social Work Education*, 45(1), 47-63.

Taylor, B. J. (2006). Factorial surveys: Using vignettes to study professional judgment. *British Journal of Social Work*, 36(7), 1187-1207.

Taylor, M. F. (2007). Professional dissonance: A promising concept for clinical social work. *Smith College Studies in Social Work*, 77(1), 89-99.

Thoma, E. (2008). Ethics in end-of-life decisions in social work practice. *Educational Gerontology*, 34(8), 745-746.

Thomasma, D. C. (1996). When physicians choose to participate in the death of their patients: ethics and physician-assisted suicide. *Journal of Law, Medicine & Ethics*, 24, 183-197.

Ulrich, C., O'Donnell, P., Taylor, C., Farrar, A., Danis, M., & Grady, C. (2007). Ethical climate, ethics stress, and the job satisfaction of nurses and social workers in the U. S. *Social Science & Medicine*, 65(8), 1708-1719.

Weick, A. (1986). The philosophical content of a health model of social work. *Social Work: The Journal of Contemporary Social Work*, 67, 551-559.

Weiss-Gal, I., & Welbourne, P. (2008). The professionalization of social work: a cross-national exploration. *International Journal of Social Welfare*, 17(4), 281-290.

Welbourne, P., Harrison, G., & Ford, D. (2007). Social work in the UK and the global labor market-Recruitment, practice and ethical considerations. *International Social Work*, 50(1), 27.

Winston, M. D., & Bahnaman, S. (2008). Preparation for ethical decision-marking: An analysis of research in professional education. *Library & Information Science Research*, 30(3),.22-230.

Woods, S. (2007). *Death's Dominion, Ethics at the End of Life*. Berkshire: Open University Press.